# 中职生礼仪

主　编　崔美丽　李士敢

副主编　吴珍珍

科学出版社

北　京

# 内 容 简 介

本书主要讲述中等职业学校学生的礼仪基本知识与常规训练。

本书共 7 章，主要内容包括：寻根问"礼"——走进礼仪殿堂；彬彬有礼——塑造个人形象；知书达礼——营造文明校园；以礼相待——构建温馨家庭；礼尚往来——融洽人际关系；有礼有节——熟悉涉外礼仪；博文约礼——传承节日习俗。

本书视角新颖，内容翔实，结合中等职业学校的教学特点与学生就业要求，集理论性、实践性和可操作性于一体，添加微课视频，增加可读性。

本书可作为中等职业学校公共课教材或中职生的自学读本，也可以作为广大读者提高礼仪素养的参考用书。

**图书在版编目（CIP）数据**

中职生礼仪 / 崔美丽，李士敢主编. -- 北京：科学出版社，2024. 8.
ISBN 978-7-03-078956-3

Ⅰ. K891.26

中国国家版本馆 CIP 数据核字第 2024QS7389 号

责任编辑：王　琳 / 责任校对：马英菊
责任印制：吕春珉 / 封面设计：东方人华平面设计部

**科 学 出 版 社** 出版

北京东黄城根北街 16 号
邮政编码：100717
http://www.sciencep.com

三河市良远印务有限公司印刷
科学出版社发行　　各地新华书店经销

*

2024 年 8 月第 一 版　　开本：787×1092　1/16
2024 年 8 月第一次印刷　　印张：11 1/2
字数：272 000

**定价：39.00 元**
（如有印装质量问题，我社负责调换）

销售部电话 010-62136230　编辑部电话 010-62135397-2030

# 本书编写人员

主　　编：崔美丽　李士敢

副 主 编：吴珍珍

编　　委：（按姓氏笔画排序）

王　霞　朱学武　沈敏飞　周丽娅

郑良辉　黄　攀　鲍秀芝

# 前　言

我国是一个具有五千多年历史的文明古国，素有礼仪之邦的美称。早在春秋战国时期，我国著名的教育家孔子就曾言："不学礼，无以立。"荀子曾指出："人无礼则不生，事无礼则不成，国家无礼则不宁。"以礼相待、礼尚往来是中华民族的传统美德。小到个人，大到国家，形象往往都能通过礼仪来体现。随着社会主义现代化的进一步发展，面对和处理错综复杂的人际关系和社会关系，就必须学习和掌握必要的礼仪知识。崇尚礼仪、学习礼仪、实践礼仪是我们每一个人立足社会、成就事业、获得美好人生的基础。

作为社会主义新时期的中等职业学校学生，讲文明、懂礼仪，也是弘扬民族文化、展示民族精神的重要途径。除了学习文化课、专业课外，中等职业学校学生还应较为系统地学习礼仪知识和技能，具有良好的仪容仪表、言行举止和气质风度，这是时代发展对我们提出的新要求。

为适应中等职业学校学生素质培养的需要，帮助学生系统学习现代社会交际中必备的礼仪知识和技能，编者编写了本书。本书涵盖面广，对日常生活中各个领域的礼仪规范进行较为系统、全面的阐述和说明。在框架结构上，本书通过"知识导航"引导学生了解本章知识概况，用"案例说礼"引入本节课程内容；而后通过"明礼践行""知识乐园"来检测学生的知识掌握程度；最后用"活动项目"来训练和检验学生的礼仪技能。在内容组织上，本书摒弃了以往教材注重知识堆砌的传统做法，增加了大量的"读一读""想一想""做一做""评一评""测一测""案例分析"等模块，提高了教材的可读性和学生的参与性。本书添加了微课视频，学生可以扫码直接进入教学小课堂，充分体现了礼仪课程的实用性和可操作性，实现教与学的有机结合。

本书由崔美丽、李士敢担任主编，吴珍珍担任副主编，王霞、朱学武、沈敏飞、周丽娅、郑良辉、黄攀、鲍秀芝参与了本书的编写。在编写本书的过程中，编者参考了专家、学者在礼仪规范方面的研究成果，并引用了相关资料，在此致以深深的谢意！

由于编写时间仓促，书中难免存在不足之处，恳请广大读者批评指正。

# 目　录

# 寻根问 "礼" ——走进礼仪殿堂

## 名人名言

凡人之所以贵于禽兽者，以有礼也。

——《晏子春秋》

## 知识导航

知识目标　了解礼仪的起源、发展及概念，了解礼仪的特征、原则与功能；理解礼仪是人们在长期社会实践中形成的一种行为准则。

技能目标　掌握礼仪的基本原则，能够将其运用到社交活动中，并能举例说出中西方礼仪文化的差异。

素养目标　养成自觉注意礼仪规范的习惯，初步形成正确的礼仪观。

# 第一节 礼仪概述

## 南开大学的"容止格言"

"面必净，发必理，衣必整，钮必结；头容正，肩容平，胸容宽，背容直。气象：勿傲，勿暴，勿怠。颜色：宜和，宜静，宜庄。"南开大学第二教学楼的入口处，矗立着一面刻有"容止格言"的字牌。

这段作为"南开传家宝"的"容止格言"，是由严修先生于1904年南开中学成立时亲笔题写的。短短几十字的"容止格言"印在了无数南开人的心中，也曾让15岁考入南开中学的周恩来自觉地以此规范自己的衣着、仪表和一言一行。

（资料来源：张颖，2010. 南开"镜箴"与周恩来的气质[J]. 党的文献（6）：114-115. 有删改）

思考

作为中等职业学生，今天的我们做到了南开的"容止格言"了么？中国是礼仪之邦，礼仪是我们中华民族的传统美德。我们应该怎样传承中华民族优秀的传统呢？

_____

_____

礼仪是人类文明的产物，是随着社会的进步而逐渐形成的。中华民族有着优良的文明礼仪传统。荀子说："人无礼则不生，事无礼则不成，国家无礼则不宁。"礼仪作为人类文化的表现形式之一，如同文字、绘画等其他文化表现形式一样，是人类不断摆脱愚昧、野蛮、落后，逐渐走向开化、进步和文明的标志。礼仪的发展，经历了一个从无到有、从低级到高级、从零散到完整的渐进过程。

## 一、礼仪的起源与发展

### （一）礼仪的起源

礼仪文化源远流长，它伴随着人类的诞生而产生，伴随着人类的发展而走向成熟。礼仪的由来主要有以下三种观点。

## 1. 礼仪起源于祭祀

人类学、考古学、历史学的研究表明，人类礼仪起源于人类最原始的两大信仰：一是天地信仰；二是祖先信仰。东汉许慎的《说文解字》对"礼"字的解释是这样的："禮，履也。所以事神致福也。从示从豊，豊亦聲。"从"禮"字的造型结构我们可以看出，"禮"的本义是敬奉神明。"禮"字左边是"示"字旁，为祭祀的意思；右边加上一个"豊"字，表示把盛满祭物的祭具摆放在祭台上，献给神明以求福佑。在原始社会，由于生产力非常低下，原始人类在大自然面前经常显得无能为力。他们对于自然界中的许多现象，如电闪雷鸣、火山地震等无法解释，从而产生了恐惧和敬畏的心理，希望通过以祭天、敬神为主要内容的祭祀活动来表达对神明的恭敬与顺从，因此有了"礼立于敬而源于祭"的说法。这些祭祀活动的规范和制度在历史发展中逐步完善，形成了祭祀礼仪。

## 2. 礼仪起源于维护社会秩序

人类为了生存和发展，必须与大自然抗争，必须以群居的形式相互依存，人类的群居性使人与人之间相互依赖又相互制约。在群体生活中，男女有别，老少有异，这既是一种天然的人伦秩序，又是一种需要被所有成员共同认定、保证和维护的社会秩序。然而，人对欲望的追求是人的本能，人们在追寻实现欲望的过程中，难免会发生矛盾和冲突。为了避免这些矛盾和冲突，维护社会秩序，就需要为"止欲制乱"而制礼。因此，人们逐步积累和自然约定出一系列人伦秩序，这就是最初的礼。

## 3. 礼仪起源于风俗习惯

人是不能离开社会和群体的。在长期的交往活动中，人们渐渐地产生了一些约定俗成的风俗习惯，久而久之这些风俗习惯成了人与人交际的规范。当这些交往习惯以文字的形式被记录并同时被人们自觉地遵守后，就逐渐成了人们交际交往固定的礼仪。

### （二）中华礼仪的发展

中国自古就以"礼仪之邦"闻名于世，中华礼仪在其传承沿袭的过程中不断发生着变化。漫长的礼仪发展史大致可以分为以下几个时期。

## 1. 礼仪的起源时期：夏朝以前（约公元前21世纪以前）

礼仪起源于原始社会，在原始社会中晚期出现了早期礼仪的萌芽。此时的礼仪较为简单和虔诚，还不具有阶级性，内容包括：制定了明确血缘关系的婚嫁礼仪、为祭天敬神而确定的一些祭奠仪式、在人们的相互交往中表示礼节和表示恭敬的动作。例如，生活在距今约 3 万年前的北京周口店山顶洞人，就已经知道打扮自己，他们用穿孔的兽牙、石珠作为装饰品，挂在脖子上；他们有爱美意识，也会埋葬逝者。

2. 礼仪的形成时期：夏、商、西周三代（约公元前 2070～前 771 年）

人类进入奴隶社会后，统治阶级为巩固自己的统治地位，把原始的宗教礼仪发展成符合奴隶社会政治需要的礼制，礼被打上了阶级的烙印。在这个阶段，中国第一次形成了比较完善的国家礼仪与制度，如"五礼"就是一整套涉及社会各方面的礼仪规范和行为标准。

**读一读**

## 五 礼

五礼是中国古代礼仪的总称。以祭祀之事为吉礼，丧葬之事为凶礼，军旅之事为军礼，宾客之事为宾礼，冠婚之事为嘉礼，合称"五礼"。

吉礼：吉礼是五礼之冠，主要是对天神、地祇、人鬼的祭祀典礼。

凶礼：凶礼是哀悯吊唁之礼。

军礼：军礼用于军事。

宾礼：宾礼用于宾客接待。

嘉礼：嘉礼是古代礼仪内容最丰富的部分，用于婚、冠、饮食、燕飨。

3. 礼仪的变革时期：春秋战国时期（公元前 770～前 221 年）

春秋战国时期，学术界形成了百家争鸣的局面，以孔子、孟子、荀子为代表的诸子百家对礼教进行了研究，对礼仪的起源、本质和功能进行了系统阐述，第一次在理论上全面而深刻地论述了社会等级秩序的划分及其意义。

孔子对礼仪非常重视，把"礼"看成治国、安邦、平定天下的基础。孔子认为"不学礼，无以立"，要求人们做到"非礼勿视，非礼勿听，非礼勿言，非礼勿动"。孟子把"礼"解释为对尊长和宾客严肃而有礼貌，即"恭敬之心，礼也"，并把礼看作人的善性的发端之一。荀子把"礼"看作人生哲学思想的核心，他认为"人无礼则不生，事无礼则不成，国家无礼则不宁"。管仲把"礼"看作人生的指导思想和维持国家的第一支柱，认为"礼"关系到国家的生死存亡。

4. 礼仪的强化时期：秦汉到清末（公元前 221～1911 年）

在我国长达 2000 多年的封建社会中，礼仪一直被统治阶级所利用，是维护封建社会等级秩序的工具。西汉董仲舒在儒家思想礼仪的基础上提出了"三纲五常"学说，"三纲"即"君为臣纲，父为子纲，夫为妻纲"，"五常"即"仁、义、礼、智、信"。纵观封建社会的礼仪，重要特点是尊君抑臣、尊父抑子、尊夫抑妇、尊神抑人，其内容大致有两类：国家政治的礼制和家庭伦理。这一时期的礼仪构成中华传统礼仪的主体。

5. 现代礼仪的发展（1912 年至今）

这一时期大致经历了两个阶段，第一阶段是半殖民地半封建社会的礼仪；第二阶段是中华人民共和国成立以后，新型的社会关系和人际关系的礼仪。中华人民共和国成立后，我国的礼仪进入一个崭新的发展时期，逐渐确立了以平等相处、友好往来、团结友爱、相互帮助为主要原则的新型社会关系和人际关系。改革开放以来，随着我国与世界的交往日趋频繁，西方一些先进的礼仪、礼节陆续传入中国，同我国的传统礼仪一起融入社会生活的各个方面，参与构成社会主义礼仪的基本框架。人们学习礼仪知识的热情空前高涨，讲文明、讲礼貌蔚然成风。随着社会的进步、科技的发展和国际交往的增多，礼仪必将得到新的完善和发展。

## 二、礼仪的概念

礼是一个抽象的概念。孔子说："礼者，敬人也。"从本质上讲，"礼"的本义是尊重。"礼"所规范的是一个人对待自己、对待别人、对待社会的基本态度。仪，表现也，具体形式也。也就是说，尊重自己、尊重别人需要一定的表现形式。所谓礼由心生，内心的东西要靠一定的形式表现出来。因此，礼仪是指人们在社会交往中，以一定的、约定俗成的程度、方式来表现的律己、敬人的过程。简单地说，礼仪就是一切表示尊重对方的过程和手段，涉及穿着、交往、沟通等方面的内容。从广义的角度看，礼仪泛指人们在社会交往中的行为规范和交际艺术；从狭义的角度看，礼仪通常是指在较大或隆重的正式场合，为表示敬意、尊重、重视等所举行的合乎社交规范和道德规范的仪式。

礼仪是我们在生活中不可缺少的。从个人修养的角度来看，礼仪可以说是一个人内在修养和素质的外在表现；从交际的角度看，礼仪可以说是人际交往中适用的一种艺术、交际方式、交际方法，是人际交往中约定俗成的对人示以尊重、友好的习惯做法；从传播的角度看，礼仪可以说是在人际交往中相互沟通的技巧。

## 明礼践行

1. 董仲舒为了维护封建统治秩序，提出了"三纲五常"学说，请你说说具体的内容。你还知道封建社会对妇女有什么规范要求吗？在当今时代，我们应该怎样对待这些规范呢？

_____

_____

_____

2. 什么是礼仪？你能举例说明吗？

_____

_____

_____

# 第二节　礼仪的特征、原则与功能

### 案例说礼

**你会这样处理吗？**

课外活动时间到了，操场上有很多同学在打篮球，突然王林在投球的时候，不小心砸到了孙强的头。王林连忙上前，对孙强说："对不起，孙强，不小心砸到你了，有事吗？"其他同学也停下脚步，过来关心地问有没有事情。孙强摇摇头说："没事，不疼呢！继续玩吧！"同学们又继续打球了。

**思考**　这是同学们校园生活中常常会碰到的意外情况，这两位同学处理问题的方式妥当吗？如果是你碰到这样的事情，你会怎么处理？人与人相处，应该遵循哪些礼仪原则呢？

_____

_____

## 一、礼仪的特征

礼仪是人们在社会交往中普遍遵循的文明行为准则和规范的总和,具有以下基本特征。

### 1. 规范性

礼仪既有内在的道德准则,又有外在的行为尺度,对人们的言行举止和社会交往具有普遍的规范、约束作用。遵循礼仪规范,会得到社会认可和嘉许;违反礼仪规范,会到处碰壁、招致反感、受到批评。正所谓有"礼"走遍天下,无"礼"寸步难行。

### 2. 可操作性

礼仪规范以人为本,重在实践,人人可学,习之易行,行之有效。"礼者,敬人也",待人的敬意,应当怎样表现、不应当怎样表现,礼仪都有切实可行、行之有效的具体操作方法。

### 3. 差异性

礼仪规范约定俗成,不同国家和地区,由于民族特点、文化传统、宗教信仰、生活习惯不同,往往有着不同的礼仪规范,"十里不同风,百里不同俗",这就需要增加了解、尊重差异,不可唯我独尊、我行我素。

### 4. 传承性

人们交际活动中的行为习惯以准则的形式固定下来,并随着时间的推移沿袭下来,从而形成种种行为规范。每一个民族的礼仪文化,都是在本民族固有传统文化的基础上,通过不断吸收其他民族的礼仪文化而发展起来的,人们对待流传下来的礼仪规范应采取"取其精华,去其糟粕"的态度。

### 5. 发展性

礼仪是逐渐形成的,并随着时代的发展而变化。任何时代的礼仪,都体现着时代的要求、社会的发展、历史的进步,由此而引起众多社交活动的新特点、新问题,要求礼仪随着时代的进步而有所发展。例如,从封建时代的"三从四德"到社会主义时代的男女平等,礼仪随着社会的进步而不断发展。

## 二、礼仪的原则

在日常生活中,人们学习和应用礼仪,有必要在宏观上掌握一些具有普遍性、共同性、指导性的礼仪原则,这样有助于更好地学习礼仪、运用礼仪。

1. **真诚尊重原则**

真诚是对人对事的一种实事求是的态度，是待人真心诚意、表里如一的友善表现。在人际交往中，待人真诚会很快得到他人的信任，反之会得到"虚伪""骗子"等有损个人形象的评价，导致正常的交往难以继续。真诚是人与人之间相处的基础，是礼仪的重要原则之一。

古人云："敬人者，人恒敬之。"在人际交往中，人与人之间彼此尊重才能保持良好的人际关系。尊重包括尊重自己、尊重他人、尊重社会。首先是在自尊、自爱的同时，尊重他人的人格、劳动和价值，以平等的身份同他人交往；其次是尊重他人的爱好和兴趣，而不应该强求他人按自己的意愿来行事。在社会交往中，要敬人之心长存，处处不可失敬于人，不可伤害他人的个人尊严，更不能侮辱对方的人格。

### 案例分析

#### 你有几位令尊？

从前有一个读书人，自恃读了几年书，看不起不识字的农夫，于是就戏弄农夫说："对儿子文雅称呼是令尊。"说完，就等着看这个"愚蠢"的农夫的笑话。农夫不知就里，关心地问读书人："你家里有几位令尊？"读书人尴尬不已，只好说："我家里没有。"农夫很同情地说："我有四个儿子，要不送一个给你做令尊吧。"

**思考** 当你在同别人交往的时候，是否遵守着真诚尊重的原则呢？读了这个故事，你有什么启示？

_____

_____

2. **平等适度原则**

在社交场合中，不论哪一方是施礼者，哪一方是受礼者，双方都要一视同仁，给予对方同等程度的礼遇，不允许因为交往对象彼此之间的年龄、性别、种族、文化、职业、身份、地位、财富，以及与自己关系亲疏远近等方面有所不同而厚此薄彼、区别对待。平等在交往中表现为不要骄狂，不要我行我素，不要自以为是，不要傲视一切，不要目中无人。平等是人与人交往时建立情感的基础，是保持良好的人际关系的诀窍。

3. **自信谦逊原则**

自信是相信自己的想法和能力，认为依靠自己的努力，一定能够克服种种困难，达到预定的目标。自信是社交场合中可贵的心理素质,唯有对自己充满信心,才能在交往中不卑不亢,落落大方,遇到强者不自惭,遇到磨难不气馁,遇到侮辱敢于挺身反击,遇到弱者会伸出援助之手。自信是一种内在力量,人们越自信,就越有可能建立有益的而不是破坏性的人际关系。谦逊就是虚心、不自满。谦逊是一种美德,也是一种礼仪的体现。在社会交往中,只有谦逊礼让、不摆架子、不自以为是,才能使人感到容易接近,才能给人以可以依赖、可以合作的印象。

### 4. 遵守信用原则

礼仪作为行为规范、处事的准则,反映了人们共同的利益,社会上的各民族、各党派、各阶层人士都有责任和义务维护它,共同遵守它。每个人要知礼、守礼,自我约束,爱护公物,遵守公共秩序,尊老爱幼,坚持正义……在社会生活中,时时处处自觉遵守礼仪规范,努力树立良好形象,做一个受大家欢迎的人。

信用即讲信誉,在人际交往中要讲真话,遵守诺言,实践诺言。孔子说"自古皆有死,民无信不立"强调的正是守信用的原则。在社交场合中,尤其应重视守时、守约。如果没有十足的把握就不要轻易许诺他人,许诺他人做不到,反而会给人不守信的印象,从而失信于人。

### 5. 宽容关怀原则

宽容的原则,即与人为善的原则。宽容是指心胸宽广,忍耐力强。宽容是一种较高的境界,容忍别人有行动与见解自由,对不同于自己的观点和见解要耐心、公正地看待。要宽容,就要做到将心比心,多容忍他人,多体谅他人,多理解他人,千万不要求全责备,斤斤计较,过分苛求,咄咄逼人。但是宽容是有原则的,不是一味地迁就和礼让。

## 三、礼仪的功能

古人云:"国尚礼则国昌,家尚礼则家大,身有礼则身修,心有礼则心泰。"可见,礼仪在社会生活中的地位和作用何等重要,同时也说明了礼仪是一个人立足社会、成就事业、获得美好人生的基础。礼仪具有多方面的功能,主要表现在以下几个方面。

### 1. 有助于弘扬礼仪传统

文明古老的中华民族,以聪颖的才智和勤奋的力量,创造了人类历史上灿烂的文化。中华民族,素以礼仪之邦著称于世。几千年来,各族人民都创造了各自独具特色的礼节、仪式、风尚、习俗、规章等,并为广大人民所喜爱、所沿袭。这些礼仪习俗,反映了我国民族的传统美德与优良品质,勾画了我国民族的历史风貌。

### 2. 有助于提高自身修养

在人际交往中,礼仪往往是衡量一个人文明程度的准绳。它不仅反映着一个人的交际技巧与应变能力，而且还反映着一个人的气质风度、阅历见识、道德情操、精神风貌。因此，在这个意义上，完全可以说礼仪即教养，有道德才能高尚，有教养才能文明。

### 3. 有助于完善个人形象

讲究礼仪对个人的成功是至关重要的，因为它关系到个人的形象。个人形象，是一个人仪容、表情、举止、服饰、谈吐、教养的集合，而礼仪在上述诸方面都有详尽的规范。因此，学习礼仪、运用礼仪，无疑将有益于人们更好地、更规范地展示个人的良好教养与优雅风度。

### 4. 有助于改善人际关系

马克思认为，社会是人们交互作用的产物。现代化的社会对人们的社交提出了新的要求，人们的仪表、仪态及对礼仪知识的了解也变得极其重要。运用礼仪，除了可以使个人在交际活动中充满自信、胸有成竹、处变不惊之外，还能够帮助人们规范彼此的交际活动，更好地向对方表达自己的尊重、敬佩、友好与善意，增进彼此之间的了解与信任，进而造就和谐、完善的人际关系，取得事业的成功。

### 5. 有助于塑造组织形象

良好的形象是任何组织所追求的目标，组织形象的塑造处处都需要礼仪。例如，你想和某一单位联系业务，当拨打对方办公室电话竟无人接听或铃响五六声之后才有人接听时，会对该单位产生这样的印象——工作效率不高、制度不健全、员工素质差等。反之，当一拨通电话，听到对方和蔼可亲的问候、得体的称谓、礼貌的语言、简洁干练的回答，立即会有一种亲切之感。

### 6. 有助于建设精神文明

世界各国都十分重视礼仪，把它视为一个国家文明程度的重要标志。"礼义廉耻，国之四维"，礼仪是立国的精神之本。在社会主义精神文明建设中，注重礼貌，讲究礼仪是最基本的要求。

**读一读**

#### 刘备的成功之处

《三国志》记载：刘备是一位有缺点，甚至才能不卓越的人，然而，他却是贤明的君主，其中最大的原因就是得人心。刘备是一个社交高手，非常有个性的关羽、张飞都被他所吸引，连诸葛亮这样的绝世英才，也对他心悦诚服。刘备成功的关键所在是注重社交、讲究礼仪、坦诚待人、表里如一。

## 明礼践行

1. 古人云："敬人者，人恒敬之。"在人际交往中，人与人之间彼此尊重才能保持愉快的人际关系，对此你是怎么理解的？请举例说明。

_____

_____

2. 古人云："国尚礼则国昌，家尚礼则家大，身有礼则身修，心有礼则心泰。"可见，礼仪在社会生活中的地位和作用十分重要，请你写出礼仪的作用主要体现在哪些方面？

_____

_____

_____

# 第三节　中西方礼仪的差异

**案例说礼**

### 英国老太太生气的原因

一位英国老太太到中国游览观光，对接待她的导游评价颇高，认为她服务态度好，语言水平也很高，便夸奖导游说："你的英语讲得好极了！"导游马上回应说："我的英语讲得不好。"这位老太太一听生气了，说道："英语是我的母语，难道我不知道英语怎么说？"

对待赞扬，中国人往往使用自谦的方式以示谦虚，而西方人则往往采取肯定或自信的态度表示感谢，也流露出十分高兴的情绪。

**思考** 你知道英国老太太生气的原因吗？你觉得这名导游怎样回答才更恰当呢？你知道中西方礼仪的差异主要体现在哪些方面吗？

_____

_____

中国是四大文明古国之一，中华民族传承了千年的文明。中国的礼仪，始于夏商周，盛于唐宋，经过不断地发展变化，逐渐形成体系。西方国家与中国有着不同的礼仪文化。随着我国改革开放的步伐日益加快，跨国交流日益增多，我们有必要了解这些礼仪的差异。

## 一、对待隐私方面的差异

个人隐私主要包括个人状况（年龄、工作、收入、婚姻、子女等）、政治观念（支持或反对何种党派）、宗教信仰（信仰哪种宗教）、个人行为动向（去哪里、与谁交往）等。由于中西方文化差异，人们对待隐私问题的反应截然不同。中国人的隐私观念比较薄弱，认为个人应归属于集体，讲究团结友爱、互相关心，因此中国人往往很愿意了解别人的酸甜苦辣，对方也愿意坦诚相告。西方人则非常注重个人隐私，讲究个人空间，不愿意向他人过多提及自己的事情，更不愿意让他人干预。例如，中国人第一次见面往往会询问对方的年龄、婚姻、儿女、职业，在中国人的眼里这是一种关心，但在西方人眼里则认为这些问题侵犯了他们的隐私。

## 二、时间观念方面的差异

西方人的时间观念和金钱观念是联系在一起的，时间就是金钱的观念根深蒂固，所以他们非常珍惜时间，在生活中往往都做精心的安排和计划，并养成了按时赴约的好习惯。在西方国家，要拜访某人，必须事先约定或通知，并说明拜访的目的和时间，经商定后方可拜访。中国人则更倾向于多向时间习惯，在时间的安排上具有较大的随意性，一般不会像西方人那样严格按照计划进行。

## 三、称呼语言方面的差异

在中国，一般只有彼此熟悉亲密的平辈人之间才可以直呼其名。但在西方，直呼其名的范围要广得多。在西方国家，常用"先生"和"女士"来称呼不知其名的陌生人，对年轻女子可称呼"小姐"，对结婚的女性可称"女士"或"夫人"等。在家庭成员之间，不分长幼尊卑，一般可互称姓名或昵称。在家里，可以直接叫爸爸、妈妈的名字。这在中国是不行的，必须分清楚辈分、长幼等关系，否则就会被认为不懂礼貌。

中国人注重谦虚，在与人交往时，讲求谦逊尊人，并把这看作一种美德。这是一种富有中国文化特色的现象。在别人赞扬我们时，我们往往会自谦一番，以表谦虚有礼。西方国家却有不同的文化习惯，当他们受到赞扬时，总会很高兴地说一声"Thank you"（谢谢）表示接受。

## 四、餐饮习俗方面的差异

中华民族素有热情好客的优良传统。在交际场合和酒席上，热情的中国人常常互相敬茶、敬酒。中国人宴客，即使美味佳肴摆满一桌，主人也总习惯讲几句"多多包涵"等客套话。主人有时会用筷子往客人的碗里夹菜，用各种办法劝客人多吃菜、多喝酒。在西方国家，人们讲究尊重个人权益和个人隐私。吃饭的时候，绝不会往你碗里夹菜，自己想吃什么就吃什么，他们也不会用各种办法劝客人多吃菜、多喝酒。

## 五、人生观方面的差异

西方人崇尚个人奋斗，尤其为个人取得的成就而自豪，通常不会掩饰自己的自信心、荣誉感及在获得成就后的欣喜。相反，中国人却不太主张炫耀个人荣誉，提倡谦虚谨慎。中国人的行为准则是"我对他人、对社会是否有用"，个人的价值是在奉献中体现出来的。在中国，主动关心别人，给人以无微不至的体贴是一种美德，而在西方会被视为"多管闲事"。

总之，中西方之间因各自的文化不同，而产生了不同的交往习惯。随着我国经济的发展和对外交流的不断增加，我们不但要了解不同国家的礼仪习俗，还要加强礼仪的培训，提高全民族的礼仪意识，这不仅是对对方的尊重，也是为了避免在交往中产生不必要的误会，以取得良好的交际效果。

## 明礼践行

1. 个人隐私是指自己不希望他人了解的私人事宜或个人秘密。西方人对个人隐私非常看重，请举例说明中西方在对待个人隐私方面的礼仪差异。

_____

_____

2. 由于文化体系的不同，中西方礼仪也呈现出不同的特点。在国际交流中，中西方礼仪的差异是一个不可忽视的问题。中西方礼仪的差异主要体现在哪些方面？

_____

_____

## ●本 章 小 结●

本章主要介绍了礼仪的起源、发展、概念、特征、功能及中西方礼仪的差异等知识。华夏文明，上下五千年，从西周视"礼"为"国之大柄"到现代的"五讲四美"；从荀子的"国家无礼则不宁"到今天的精神文明建设，礼仪一直是传统文化的核心，讲"礼"重"仪"是中华民族世代相传的优秀传统。如今，随着社会的进步，礼仪已成为社会文明的标志。我们应传承和发扬中华民族的优良传统，用规范的礼仪来指导自己的言行，要学礼用礼，以礼待人。

## ◆知 识 乐 园◆

第一章知识乐园答案

### 一、单项选择题

1. _____出现了早期礼仪的萌芽。
   A．原始社会早期　　　　　　　　　　B．原始社会中晚期
   C．奴隶社会早期　　　　　　　　　　D．奴隶社会中晚期

2. 把"礼"看成治国、安邦、平定天下的基础的是_____。
   A．孔子　　　　　　B．孟子　　　　　　C．荀子　　　　　　D．管仲

3. "海纳百川，有容乃大"，体现了礼仪的_____原则。
   A．真诚尊重　　　　B．自律　　　　　　C．宽容关怀　　　　D．尊重

4. 从"禮"字的造型结构可以看出，它的本义是_____。
   A．敬奉神明　　　　B．祭祀自然　　　　C．祈求食物　　　　D．祈福

5. _____的礼仪构成了中华传统礼仪的主体。
   A．起源时期　　　　B．形成时期　　　　C．变革时期　　　　D．强化时期

### 二、多项选择题

1. 以下属于中华礼仪的形成时期的有_____。
   A．夏　　　　　　　B．商　　　　　　　C．西周　　　　　　D．秦

2. 以下_____是学习礼仪所必须遵循的原则。
   A．真诚尊重原则　　　　　　　　　　B．平等适度原则
   C．自信谦虚原则　　　　　　　　　　D．宽容关怀原则

3. 封建社会礼仪的重要特点是_____。
   A．尊君抑臣　　　　B．尊夫抑妇　　　　C．尊父抑子　　　　D．尊神抑人

4．以下属于个人隐私的有_____。

    A．年龄大小       B．婚姻状况       C．生活习惯       D．体育运动

5．人类循礼，源远流长，礼仪起源于_____。

    A．祭祀       B．秩序       C．习俗       D．自然

## 三、判断题

1．礼仪起源于原始社会，在原始社会初期出现了礼仪的萌芽。     （   ）

2．孔子说："礼者，敬人也。"从本质上讲，"礼"的含义是尊重，具体包括尊重自己、尊重他人、尊重社会。     （   ）

3．孔子说："自古皆有死，民无信不立。"强调的是做人要自信的原则。     （   ）

4．礼仪对人们的言行举止和社会交往具有普遍的规范、约束作用，这体现了礼仪的规范性特征。     （   ）

5．学习礼仪，运用礼仪，无疑将有益于人们更好地、更规范地展示个人的良好教养与优雅风度。     （   ）

## 四、简答题

1．什么是礼仪？它有哪些特征？

2．在现实生活中，礼仪有什么功能？

3．结合自己的情况，谈谈你如何学好礼仪知识。

## 五、案例分析题

    一位中考失利的同学上了一所职业高中，心情很苦闷。在礼仪课上，老师向大家提出了礼仪要求："入座轻稳莫含胸，腿脚姿势须庄重。双手摆放要自然，安详庄重坐如钟。"她照着做了一段时间，奇迹也随之产生了。"当我挺起长久以来含着的胸膛，按要求站立坐行，一种从未有过的自信油然而生。""新学期开始，老师和同学们写在脸上的庄严和亲切感染了我。要允许别人'以貌取人'，因为在初次见面开口之前，你只能靠仪表展示自己。这也许正是礼仪教育的真谛。"

思考：

从这则案例中，你受到了哪些启发？今后打算怎么做？

# 活 动 项 目

活动主题：礼仪知识大搜索

活动场地：校园

活动工具：调查表、笔

活动内容：有"礼"走遍天下，无"礼"寸步难行。在合适的时间，根据调查表 1-1，对学校里的同学做采访。

建议：两位同学为一组，一位同学提问，另一位同学记录。

表 1-1　调查表

| 对象 | 问题 1：什么是礼仪？ | 问题 2：礼仪的起源是什么？ | 问题 3：你能举些有关礼仪的例子吗？ |
|---|---|---|---|
| 同学甲 | | | |
| 同学乙 | | | |
| 同学丙 | | | |
| 同学丁 | | | |
| …… | | | |

**第二章**

# 彬彬有礼——塑造个人形象

**知识导航**

知识目标
了解注重个人形象的重要性；理解仪容美的内涵及基本要求；掌握与个人形象有关的仪表、仪态的礼仪规范。

技能目标
掌握仪容、仪表、仪态等基本要求及礼仪规范，能够正确修饰妆容；正确穿戴女士套装和男士西服；学会举止仪态在各种场合的正确运用。

素养目标
认识到礼仪在人际交往中的重要作用，从而在不同的场合注重自己的言行举止，积极维护个人形象，养成注重个人礼仪的习惯。

# 第一节　注重个人形象的重要性

**案例说礼**

## 以貌取人

一个人走进一家酒馆点了些饭菜，吃完之后发现忘了带钱，便对店家说："店家，今日忘了带钱，改日送来。"店家连声说："没关系，下次送来吧。"然后，十分客气地把他送出了门。这件事情被一个乞丐看到了，他也进酒馆点了饭菜，吃完后摸了一下口袋，对店家说："店家，今日忘了带钱，改日送来。"谁知店家脸色一变，揪住他，非要带他见官。乞丐不服，说："为什么刚才那人可以赊账，我就不行？"店家说："人家吃菜，筷子在桌子上找齐，喝酒一盅盅地筛，斯斯文文，吃罢掏出手绢揩嘴，是个有德行的人，岂能赖我几个钱。你呢，筷子往胸前找齐，狼吞虎咽，吃上瘾来，脚踏上条凳，端起酒壶直往嘴里灌，吃罢用袖子揩嘴，分明是个居无定所、食无定餐的无赖之徒，我岂能饶你？"

**思考**　生活中你是否也常常以貌取人呢？你如何看待个人形象的重要性？

　　个人形象最直观的表现就是外表、容貌和言谈举止等。一个人的外在形象，既是个人发展的需求，也是社会发展对于个人的要求。个人形象是一个人内在品质的外部体现。

## 一、个人形象的定义

　　"形象"一词，本意是指能引起人的思想或感情活动的具体形状或姿态。在社会活动中，则是指参与活动的双方在对方心目中产生的基本印象和总体评价。简单地说，个人形象就是一个人的外表、容貌和言谈举止，反映了个人的精神风貌和生活态度，真实地体现了个人的修养和气质。

　　个人形象涉及显性和隐性两大元素。显性元素通常一目了然，如长相、身材、服装款式、神态、举止等，而隐性元素则不易看清楚，如性格、爱好、文化素养、社会地位、生活方式等。美国高级礼仪顾问威廉·索尔比说："当你走进一个房间，即使房间里没人认识你，或者有的人只是跟你有一面之缘，他们却可以从你的外在对你做出以下几个方面的推断：经济水平、受教育程度、可信任程度、社会地位、个人品行、成熟度、家庭教养情况等。"由此可见，隐性元素中的一些特性会最终显现于外在的显性元素之中，因此我们不仅要注重内在修养的提炼，而且要重视外在形象的塑造。

## 二、个人形象的内容

个人形象主要包括外貌体形、穿着打扮、言行举止和气质等方面，具体包括以下六要素。

### 1. 仪容

仪容是指一个人形体的基本外观，包括头发、面部等。在正常情况下，仪容以面部容貌更为引人注意。要注重仪容，就要力争做到仪容美，并且进行必要的面部美化和修饰。

### 2. 表情

表情主要是指一个人的面部表情，包括眼神、笑容及其面部肌肉的综合运动等。每个人的表情从本质上讲，是其内心思想和情感的最真实、最自然的流露。与语言相比，一个人的表情往往会"此时无声胜有声"，能够更准确地传达出真情实意。

### 3. 举止

举止指的是一个人的肢体动作，包括站姿、坐姿、蹲姿、手势。在心理学上，人的举止动作称为"形体语言"，能够同样真实、准确地反映人的心理活动。

### 4. 服饰

服饰是一个人穿着的服装和佩戴的首饰的统称。个人在服饰方面所做出的选择，不仅体现着个人的审美品位，而且也充分反映着个人修养。

### 5. 谈吐

谈吐即一个人的言谈话语。常言道："言为心声"。在人际交往中，一个人的谈吐，除了可以传达思想、情感之外，还具有表达对待交往对象的态度的作用。

### 6. 待人接物

所谓待人接物，具体是指与他人相处时的表现，即为人处世的态度。它体现着一个人的精神境界，并表现于人际交往的各个方面。一个人即使个人修养再好，要是不懂得待人接物，也将难以在人际交往中获得成功。

## 三、塑造职业形象的重要性

个人形象是一个人的活名片，是一个人仪表、气质、性格、内心世界的综合反映，也是一种重要的社交语言。注重个人形象，对于我们的事业和生活有着不可估量的作用。西方学者总结出了形象沟通的"55387定律"：决定一个人的第一印象中，55%来自他的外表，包括衣着、发型等；38%来自他的仪态，包括举手投足之间传达出来的气质、说话的声音及语调等；谈话内容只占到7%。

个人形象代表了组织的形象。每个员工都是组织的代言人，体现着组织的经营管理水平，很大程度上影响着组织的成功与否。只有当一个人真正意识到了个人形象与修养的重要性，才能体会到个人形象给自己和自己所在组织带来的影响有多大。

## 案例分析

### 小强的疑惑

小强是某中等职业学校旅游专业的毕业生。毕业前夕，他在学校参加了某大型企业的招聘会，投递了自己的简历。一个星期后，他幸运地接到了这家企业的面试通知。为了给应聘单位留下好印象，他特地买了一套新潮的时装，做了一个新潮的发型，兴冲冲地去参加面试。面试时，小强发现主考官用奇怪的眼光看着自己，觉得很不自在。后来，小强落选了。一位人事总监说："我认为你不可能仅仅因为戴了一条领带而取得一个职位，但我可以肯定戴错了领带可以使你失去一个职位。"

思考 小强为什么会落选？人事总监的话给我们什么启示？

_____

_____

## 四、塑造富有魅力的个人形象

良好的个人形象不仅是事业成功的助推剂，也是开启人生幸福殿堂的金钥匙。德国诗人歌德曾经说过这样一句话："外貌美只能取悦一时，内心美方能经久不衰。"所以，良好的个人形象更多需要后天的塑造。对于21世纪的中等职业学校学生来说，如何打造令人心仪的个人形象呢？

### 1. 重视首因效应，给人留下良好的第一印象

良好的开端是成功的一半。在人际交往中，如果开始给他人的印象不好，那么在以后的交往中要想重新获得对方的欣赏和信任，需要付出更多的努力。越是追求自我成功的人，越是会关注自己给他人留下的第一印象。

### 2. 注重仪容仪表

仪容仪表在第一印象中占据了很大一部分，因此要注重仪容仪表：服饰穿着大方合体、干净整洁，体现中等职业学校学生朝气蓬勃的气质；仪容整洁，头发干净，发型合适，指甲经常修剪；言行举止礼貌得体，做事勤快，学习努力。

## 3. 培养内在气质

个人内在气质的好坏直接影响着个人的发展，决定了个人的成功与否。要逐渐培养自己拥有良好的内在气质、宽阔的胸襟、坚强的意志、积极的学习态度、高雅的气质与美好的心灵，使自己秀外慧中、表里如一。只有这样，才能让自己拥有更深厚的内涵，才能在今后更快地融入社会，才能让自己更适应社会发展的需要。

个人形象直接决定了一个人的气质，也直接影响着人际交往的成败。个人形象的塑造绝非一日之功，是通过自己的日积月累，把好的方面不断呈现，把不好的地方逐渐改善的一个过程。因此，重视礼仪习惯的培养，规范言行举止，把讲礼仪真正落实到平时的生活实践中，就会逐渐塑造出一个富有魅力的个人形象。

## 明礼践行

1. 个人形象是一个人的活名片。良好的形象不仅是事业成功的助推剂，也是开启人生幸福殿堂的金钥匙。作为中等职业学校学生，我们应该从哪些方面塑造自己的个人形象呢？

_____

_____

_____

_____

2. 请自我反思一下，个人形象的哪些方面还有待进一步提升。制订个人形象、礼仪规范提升计划，完成个人行动计划表（表2-1），并跟进与落实，以提升自己的个人形象。

表2-1 行动计划表

| 姓名 | | 我的现状 | | | |
|------|------|------|------|------|------|
| 日期 | | 改进目标 | | | |
| 存在问题 | 行动计划 | 开始时间 | 完成时间 | 效果评估 | 跟进人 |
| | | | | | |
| | | | | | |
| | | | | | |
| | | | | | |

# 第二节 仪容礼仪

## 窈 窕 淑 女

同学们，看过奥斯卡金像奖获奖电影《窈窕淑女》吗？这部电影改编自萧伯纳的戏剧剧作《卖花女》。电影中奥黛丽·赫本扮演一位举止、言语粗俗的卖花女，语言学家希金斯教授和朋友打赌能够花六个月时间，把她改造成为举止优雅的淑女。通过训练卖花女的仪容仪表、说话方式和行为举止等，改变她的形象，六个月后希金斯教授果然让她焕然一新，成为谈吐优雅的窈窕淑女。

**思考**　电影中卖花女仪容的前后变化，对你有什么启发？

_____

_____

仪容礼仪包括个人卫生礼仪、美容美发礼仪、服饰礼仪等，是人们为维系社会交往而共同遵守的最基本的规范。仪容礼仪是人们在长期生活和交往中逐渐形成的，并且以风俗、习惯和传统等方式固定下来的。

## 一、仪容美的内涵及基本要求

### （一）仪容美的内涵

"内正其心，外正其容"，个人礼仪的首要要求就是仪容美。仪容，通常是指人的容貌，包括头发、面部、手部等。仪容美主要包括三个方面：仪容自然美、仪容修饰美、仪容内在美。

#### 1. 仪容自然美

仪容自然美是指仪容的自然条件较好，五官端正，天生丽质。尽管以相貌取人不合情理，但先天美好的相貌，无疑会令人赏心悦目。

#### 2. 仪容修饰美

仪容修饰美是指依照规范与个人条件，对仪容进行必要的修饰，扬长避短，设计、塑造出美好的个人形象。修饰仪容的基本原则为美观、整洁、得体。

### 3. 仪容内在美

仪容内在美是指通过努力学习，不断提高个人的文化、艺术修养和思想道德水准，培养自己高雅的气质与美好的心灵，使自己表里如一。

在这三者中，仪容内在美是最高的境界，仪容自然美是人们的心愿，而仪容修饰美则是仪容礼仪关注的重点。

### （二）仪容美的基本要求

仪容美的基本要素是容貌美、头发美、肌肤美，基本要求是整洁干净。美好的仪容一定能让人感觉到五官构成和谐并富于表情；好的发质和合适的发型使人眼前一亮；肌肤健美使人充满生命的活力，给人以健康自然、鲜明和谐、富有个性的深刻印象。个人修饰仪容时，应当注意头发、面部、肢体等几个方面。

## 二、头发修饰礼仪

头发修饰礼仪指的是人们的头发护理与修饰的礼仪规范。头发修饰的总体要求是勤于梳洗、美化自然、长短适中、发型得体。

### 1. 勤于梳洗

头发的梳洗包括对头发的清洗和梳理。头发要勤洗，保持清洁。洗发时用十指按摩头皮，以促进血液循环，也有助于头发生长。常梳理头发也可促进头部的血液循环。还应及时将枯黄、开叉的发梢剪掉，保持头发的美观。

### 2. 美化自然

头发的美化主要体现在对头发的养护上。"养"指的是头发的营养，"护"指的是头发的保护。真正要养护好头发，关键还是要从营养的调理与补充等方面着手，保持头发的自然美化。美化头发应注意，要慎重对待烫发、染发，把握好分寸，否则会损伤头发，损害自己的个人形象。

### 3. 长短适中

男士的头发不应过长，标准发式是前发不覆额，侧发不掩耳，后发不及领，不宜剃光头，头发不要过厚，鬓角不要过长；女士标准发式是前发不挡眼，后发不过肩，长发过肩者上岗时应该盘发、束发。中等职业学校的女生提倡剪学生发，即发不过肩。

### 4. 发型得体

发型的设计强调自然美和修饰美的结合。发型的选择要根据自然、大方、整洁、美观的原则，既要观察发型的流行趋势，又不能盲目追赶潮流，重要的是应该考虑自己的年龄、性别、职业、性格、喜好和脸形特点，设计出与之相应的合适发型，以体现人们的审美要求和与时俱进的精神风貌。

**读一读**

#### 发型的选择

发型的选择与脸形相辅相成，联系密切。适当选择和修剪，则可体现两者和谐之美。

1）圆形脸，宜头发侧分，长过下巴，最为理想。

2）方形脸，侧重于以圆破方，拉长脸形，采用不对称发缝和翻翘发帘，增加变化。

3）长形脸，重在抑长，保留发帘，增加两侧发量和层次。

4）梨形脸，力求上厚下薄，头发上"肥"下"瘦"，适当修饰脸形。

5）心形脸，宜选短发，露出前额，增多耳下发量，选择不对称发型。

总之，应该根据不同的脸形来选择合适的发型，扬长避短，才能体现一个人的良好形象。

## 三、面部修饰礼仪

面部修饰的基本原则是清洁、卫生、清新自然。

### （一）面部肌肤的保养

如果面部肌肤保养得好，看上去就会觉得更加细腻和有光泽；要是平时不注意保养，就会加快皮肤的衰老速度。那么如何保养面部肌肤呢？

### 1. 心情舒畅、情绪乐观

俗话说："笑一笑，十年少，愁一愁，白了头。"精神愉快是最好的美容保健方法。笑是一种化学刺激反应，它能激发人体各个器官，尤其是激发大脑和内分泌系统活动。笑的时候，面部肌肉舒展，皮肤新陈代谢加快，促进血液循环，增加皮肤弹性。因而我们面对生活时，应保持心情舒畅，怀有一种积极乐观的态度。

## 2. 睡眠充足，皮肤靓丽

充足的睡眠是最好的美容品，按时睡觉会使人看上去面色红润。晚上 10 点到凌晨 2 点是皮肤新陈代谢最旺盛的时间段（也称美容时间或美容带），此时皮肤血管扩张，白天疲惫受损的细胞可在这段时间恢复。充足的睡眠对美容具有生理与心理的双重益处。

## 3. 合理饮食，多喝开水

合理的饮食是皮肤美容保健的根本。体内缺水是皮肤干燥、粗糙的一个重要原因。皮肤的弹性和光泽是由它的含水量决定的。因此每天多吃水果蔬菜、多喝水，以保持体内足够的水分，使皮肤润泽细腻，避免粗糙干燥。

### （二）面部肌肤的清洁

清洁是面部皮肤保养的重要步骤，也是个人礼仪的基本要求。正确的洗脸方法如下。首先用温水润湿脸部。然后加适当的洗面奶，用手由下向上揉搓、打圈。手经过鼻翼两侧至眼眶周围正反打圈，从上额到颧骨至下颌部位反复打圈，由颈部至左、右耳根反复多次。这样可以借助洗面奶对皮肤进行按摩。接着用温水冲净面部的洗面奶。最后用凉水冲洗，令毛孔收缩。

### （三）面部肌肤的美化

面部肌肤的美化主要指面部化妆，是通过美容用品的使用来修饰自己的仪容、美化自我形象。简单地说，化妆就是有意识、有步骤地来为自己修饰仪容。

#### 1. 化妆的作用

（1）美化容貌

人们化妆的直接目的是美化自己的容貌。通过化妆，可突出个性，表现活泼开朗或文静端庄等内在的性格特征。

（2）增强自信

化妆是对外交往和社会活动的需要。化妆在为人们增添美感的同时，也为人们带来了自信。

（3）弥补缺陷

完美无瑕的容貌不是每个人都可以拥有的，通过后天的修饰来弥补先天的不足，使自己的形象更好，却是每个人可以追求的，化妆便是实现这一愿望的重要手段之一。化妆可通过运用色彩的明暗和色调的对比关系弥补个人形象的不足。

### 2. 化妆的原则

化妆是基本的礼貌。礼貌的妆容要遵循以下四个原则。

（1）自然

自然的妆容看起来才会真实而生动。"清水出芙蓉，天然去雕饰"，就是要求妆容清淡而又传神。

（2）美化

美化是指在正确认识自身条件的基础上，把握面部个性特征，合理选择化妆技巧与方法。美化的重点是弥补缺陷，扬长避短。

（3）协调

化妆的目的不在于追求局部的亮丽，而在于表现个人的整体美。因此，各部分的妆容需要协调统一、整体考虑。一要注重妆面协调，指化妆部位色彩搭配、浓淡协调，所化的妆容针对面部个性特点，整体设计协调；二要注重全身协调，指面部化妆还必须注意与发型、服装、饰物协调，力求取得完美的整体效果；三要注重身份协调，要考虑到自己的职业特点和身份特征；四要注重场合协调，化妆要与场合气氛相协调。

（4）避人

不在公共场合化妆是基本的礼仪要求。在公共场合修饰面容是没有教养的行为。如必须化妆或补妆，一定要到洗手间或其他私密场所进行。

### 3. 简单的化妆步骤及技巧

化妆是一门学问，要使化妆达到美化的效果，就必须认真研究，掌握不同性别、不同场合化妆的基本方法和技巧。化妆的正确步骤如下。

1）清洁皮肤（按肤质使用洗面奶）。

2）涂爽肤水（给皮肤补充水分或收缩毛孔，平衡皮肤的酸碱度）。

3）涂营养霜（给皮肤补充营养）。

4）上粉底液（让皮肤显得细腻、白皙，应选择接近自己肤色的粉底液）。

5）上粉饼或散粉（起到定妆作用）。

6）画眉（眉头淡、眉坡深、眉峰高、眉尾要清晰）。

7）画眼影（塑造眼睛的轮廓与个性，选择与自己衣服颜色相配的眼影）。

8）画眼线（上方从眼睛三分之二的地方往眼角方向画，下方画二分之一，也有人不画下眼线）。

9）画唇线（按照自己的唇形画，让嘴唇更加立体、动人）。

10）涂口红（口红要与自己的衣服颜色相配）。

11）打腮红（打腮红要轻薄，看不出明显腮红的痕迹）。

12）夹睫毛、上睫毛膏。

4. 妆容修饰禁忌

（1）当众化妆或补妆

在日常生活中，我们常常会看到这样的现象：女士拿出自己的化妆包，在众目睽睽之下，旁若无人地掏出各种化妆品，当众化妆或补妆。注重个人形象固然重要，然而在人际交往的过程中，当众化妆或补妆是非常失礼的。

（2）借用他人的化妆品，评价他人妆容的优劣

化妆品直接接触皮肤，借用他人的化妆品，一方面容易传染疾病，另一方面会使对方反感。评价他人妆容的优劣，容易使对方难堪，进而产生厌恶情绪，所以这是非常失礼的行为。

（3）妆容的选择不合时宜

妆容的选择应根据时间、地点、场合来确定，在保证妆容完美的基础上，保证其适宜性。

（四）口腔、鼻腔清洁

保持口腔的清洁，要做到以下三个方面：①刷牙时应顺着牙缝的方向上下刷，牙齿的各个部位都必须刷到；②每次刷牙时间不少于3分钟；③每次刷牙时间在饭后3分钟之内。另外，不吸烟，不喝浓茶，不要吃葱、蒜、韭菜等带有强烈异味的食物，更不能饮酒过量，否则会引起他人的反感。经常清理鼻腔，修剪鼻毛，切记不可在他人面前挖鼻孔、拔鼻毛。

## 四、手部修饰礼仪

手部和脸部一样，常常露在服饰之外，极易被他人注意。因此，适时、适度地保护与美化手部是十分必要的。

（一）手部的清洁

首先，选用温和且具有滋润功能的洗手产品，不要用洗洁精、洗衣粉等碱性较大的产品。其次，要注意洗手方法，应用温水洗手。同时，手腕也要清洗干净，这样可以保持袖口的整洁。

通常在以下几种情况下，应该清洁自己的双手：①吃饭前；②打扫卫生或上完洗手间后；③手上沾有污垢。

（二）手部的护理

手部清洁之后，要用柔软干爽的毛巾细心擦干，特别是指间、甲沟等处不遗留水渍，然后涂抹上护手霜。手部的护理应随时随地，每天坚持。

（三）手部修饰

1. 不能留长指甲

应养成勤剪指甲的习惯，指甲必须修剪合适而且一定要保证指甲的清洁，如图 2-1 所示。

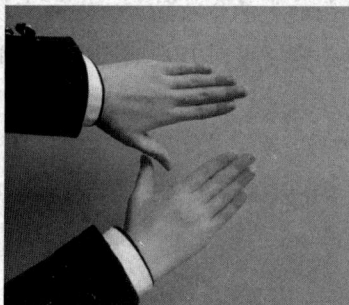

图 2-1　保证指甲的清洁

2. 清除手臂的汗毛

对于手臂上汗毛过浓或过长的人来说，在出席较正式的社交场合时，应采用适当的方法进行脱毛，女性要尤其注意。

**做一做**

### 正确洗手七步骤

1. 开水龙头冲洗双手。

2. 加入洗手液或抹肥皂，用手掌搓出泡沫。

3. 双手相互搓手心、手背、指甲内外和四周、指尖、虎口位置，最少揉搓 10 秒钟才冲水。

4. 用流动的水冲洗至少 10 秒钟，直到完全冲洗干净。

5. 用干毛巾或手纸彻底擦干双手，或以干手机吹干双手。

6. 双手清洗妥当后，不要再直接触摸水龙头，防止再次脏手。应泼水冲洗干净水龙头，再把水龙头关上。

## 明礼践行

1. 个人礼仪的首要要求就是仪容美，它是仪表问题的重中之重。仪容美主要包括哪三个方面？它包含哪些基本要素？

_____

_____

_____

2. 爱美之心，人皆有之。现在许多中等职业学校学生也在校园里化妆，打上厚厚的粉底、描上浓浓的眼影、涂上鲜红的口红，她们觉得这样才能使自己看起来更漂亮、更时尚。作为中等职业学校学生，我们应不应该在校园里化妆呢？我们该如何修饰自己的仪容呢？

_____

_____

_____

# 第三节 仪表礼仪

### 案例说礼

#### 李明的如此打扮

李明自从上了职业高中以后，不再关心学习，倒是越来越关心自己的形象，天天想着如何使自己变得更有型、更酷。他先是将头发留长，染成黄色；再是戴上耳环，穿着奇装异服，手里整天拿着手机。他觉得这样的打扮很酷，想利用改变外在形象来吸引别人，或者说想获得某些女同学的欢心。

你觉得李明这样的打扮符合学生的身份吗？作为中等职业学校学生，我们该怎样修饰自己的仪表，使个人形象与我们的身份相适应呢？

_____

_____

仪表礼仪是指一个人的仪表要与他的年龄、体形、职业和所在的场合吻合，表现出一种和谐，给人以美感，以增进相互的好感。广义的仪表是指个人的外在形象，如头发、面部、服饰、举止仪态等；狭义的仪表仅指服饰的设计与搭配。得体的服饰搭配是一种礼貌，可以最大限度地展示对他人的尊重。在各种正式场合，注重个人服饰，可以增加个人魅力，给人留下良好的印象，使人愿意与自己深入交往。所以，注重服饰是每个职场人士的基本素养。

## 一、着装的原则

服饰之美，不仅反映出人的审美趣味，给人以美的感受，还对个人形象有着"扬美"和"抑丑"的双重功能。如果服饰着装遵循一定的原则，就会使个人形象呈现和谐的美，起到一种相得益彰、锦上添花的作用。

### 1. TPO 原则

TPO 原则是国际通行的着装打扮最基本的原则。TPO 是 time、place、object 三个英文单词首字母的组合。time 原则要求个体着装要随着时间的变化而变化。时间有以下几层含义：季节、时令、时代。place 原则要求个体着装要随着场合的变化而变化。场合主要包括两个方面：休闲场合和正式场合。object 原则要求个体应根据交往对象、交往目的的不同而选择服饰。

### 2. 整洁原则

整洁，即整齐、清洁的意思。服装不一定要追求高档时髦，但要庄重整洁，避免邋遢，尤其是衣领和袖口处。整洁原则要求以下四点：一是整齐、无褶皱；二是清洁，要勤洗勤换，保持卫生；三是保证衣服无破损，无补丁；四是纽扣、拉锁等配件都应齐全。

### 3. 整体性原则

着装应当基于整体的考虑和精心的搭配，相互呼应、配合。个人的整体形象，由人的形体、内在气质和服装的款式、色彩、质地等构成。整体性原则要求着装的各个部分精心搭配，在整体上尽可能做到完美、和谐、得体，展现着装的整体美。

### 4. 个性化原则

个性化原则要求着装适合自身体形、年龄、职业的特点，扬长避短，并在此基础上创造自己独有的风格。一方面，在符合礼仪规范的前提下，在某些方面可体现与众不同的个性，但是切忌盲目追求时髦；另一方面，要求着装与自身条件相适应。服装的选择应与自己的年龄、肤色、身高、职业、体形相协调，力求反映一个人的个性特征。

## 二、服装与色彩搭配

服饰是一种无声的语言，展示着人的内在精神风貌和生活情趣，其色彩更彰显人的形象和风度。色彩在很大程度上是服装穿着成败的关键所在，因为它对人的刺激最快速、最强烈、最深刻。

### （一）色彩搭配的方法

#### 1. 色彩统一法

色彩统一法即配色时尽量采用同一色系中各种明度不同的色彩，按照深浅、明暗不同的程度进行搭配，以便创造出和谐之感，如深灰配浅灰、深红配浅红等。此法适于工作场合或庄重的社交场合着装的配色。

#### 2. 色彩对比法

色彩对比法即配色时运用冷暖、深浅、明暗两种特性相反的色彩进行组合的方法。它可以使着装在色彩上反差强烈，静中有动，突出个性。此法适于各种场合的着装配色。

#### 3. 色彩呼应法

色彩呼应法即配色时在某些相关的部位刻意采用同一种色彩，以便遥相呼应，产生美感。例如，穿西装的男士讲究鞋、腰带与包同色，即为此法的运用。此法适于各种场合的着装配色。

#### 4. 色彩点缀法

色彩点缀法即在采用统一法配色时，为了有所变化，而在某个局部小范围里，选用其他某种不同的色彩加以点缀美化，使服饰色彩主次分明，相得益彰。此法适于工作场合的着装配色。

### （二）色彩搭配注意事项

1）服饰的颜色（大面积色彩）一般不超过三种。

2）注意搭配讲究呼应协调。前后上下呼应，显示和谐统一的美感，使着装效果不至于显得单调。

3）多运用安全色进行搭配，使着装效果显得不那么突兀或俗气。黑、白、灰为无色系，是配色中的安全色，所以，无论它们与哪种颜色搭配，都不会出现大的问题。一般来说，某种颜色与白色搭配时会显得明亮，与黑色搭配时就显得灰暗。

4）服饰色彩还应与个人的身材、肤色等协调一致，如深色有收缩感，适宜肥胖者穿戴，而浅色有扩张性，身材瘦小者穿上后有丰腴的效果。

### 三、男士着西装礼仪

西装起源于欧洲，是一种国际性服装。正规场合职业男士必须穿正规西装，穿休闲装会显得失礼。一套合体的西装，可以使着装者显得潇洒、精神、风度翩翩。

西装七分在做，三分在穿。那么，怎样穿西装才算得体呢？

#### （一）西装的款式

西装按件数来划分，有套装西装和单件西装之分；按西装的纽扣来划分，有单排扣西装和双排扣西装之分；按适用场合不同可分为正装西装和休闲西装。正式场合应穿同质、同色的深色毛料套装。两件套西装在正式场合不能脱下外衣。按习惯，西装里面不能加毛背心或毛衣。

#### （二）选好衬衫

穿西装要穿长袖衬衣，衬衫的面料应为高织精纺、纯毛面料或以棉、毛为主要成分的混纺衬衫；衬衫的颜色为单一色（白色为首选），应与西服颜色协调，领口要挺括，同时要保持领口的整洁、无褶皱、无污垢、无油渍，正式场合男士不宜穿色彩鲜艳的格子或花色衬衣。衬衫下摆必须塞在西裤里，袖口必须扣上扣子，衣袖要长于西装上衣的衣袖 0.5～1 厘米，领子要高出西装领子 1～1.5 厘米，这样可以彰显衣着的层次；领子不可翻在西装外，不系领带时，衬衫领口可以不扣。

#### （三）系好领带，戴好领带夹

在正式的场合，穿西装应系领带。在选择领带时，要考虑面料、颜色、款式和质量。领带的面料一般以真丝、纯毛为宜；领带的颜色一般要与西服的颜色相配，以光泽柔和、典雅朴素的领带为宜；领带的款式不能选择简易式领带；领带的做工要精致，外形美观、平整、无挑丝、无疵点、无线头，衬里毛料不变形，悬垂挺括、较为厚重。

系领带要得法，领带的常用系法有平结、双环结、温莎结、交叉结等。系领带时，衬衫上面的第一粒扣子要扣好，系好后，领带的长度以到皮带扣处上端为宜，领带夹在第 4、第 5 个纽扣之间。

#### （四）扣好纽扣

双排扣的西装要把纽扣全部系上，以示庄重。单排两粒扣，只扣上面一粒纽扣；三粒扣则扣中间一粒，坐下时可解开。单排扣的西装也可以全部不扣。

#### （五）用好衣袋

西装上衣两侧的口袋只作装饰用，不可装物品，否则会使西装上衣变形。上衣左胸部的衣袋只可放装饰手帕。左胸的内侧口袋可以放手机、笔和名片；右胸的内侧口袋可放贴身物品，两侧重量尽可能相等。西装裤袋也不可装物品，以求臀位合适、裤形美观。特别是在西装尾兜中禁止装名片。

（六）穿好西裤

因西裤讲究线条美，所以穿西裤必须有中折线；长度以前面能盖住脚背，后边能遮住 1 厘米以上的鞋帮为宜；注意不能随意将西裤裤管挽起来。

（七）穿好鞋袜

古人有"西装革履"之说，西装必须与皮鞋配套穿，在正式场合，皮鞋首选黑色或棕色；要保持皮鞋的光泽和洁净；要配上深颜色的中长棉袜，避免穿着挑丝、有洞、白色和透明的袜子。

（八）讲究"三个三"原则

1）三色原则。穿西装的时候，全身的颜色不能多于三种，包括上衣、裤子、衬衫、领带、鞋子、袜子在内，全身颜色应该在三种之内。

2）三一定律。重要场合穿西装套装时，鞋子、腰带、公文包（钥匙、手机、香烟、打火机等通常放在公文包中）是一种颜色，而且首选黑色。

3）三大禁忌。第一，袖子上的商标没拆；第二，在重要场合穿夹克、穿半袖，没穿套装打领带；第三，穿不与西装配色的白色或者浅色袜子。

## 四、女士职业装着装礼仪

"云想衣裳花想容"，相对于偏稳重单调的男士着装，女士的着装则较为亮丽、丰富。

（一）女士职业装着装原则

**1. 大小适度，整洁平整**

根据自己的体形选择适合自己的套装，上衣最短齐腰，裙子可达小腿中部，袖子刚好盖住手腕；整体不过于肥大、紧身。保持清洁，并熨烫平整。

**2. 穿着到位，考虑场合**

职业套装适合商务场合穿着。穿着时，衣扣要全部扣好，不允许随便脱掉上衣，穿西装套裙时一定要注意内穿一套衬裙，以免有伤大雅。

**3. 色彩适宜，稳重大方**

不同色彩会给人不同的感受，但职业装总体上颜色不能太艳，以深色、素色为宜，给人以稳重大方之感。

### 4. 饰物点缀，以少为佳

巧妙地佩戴饰品能够起到画龙点睛的作用，应尽量选择同一色系，以少为佳，并与整体服饰搭配统一。

### （二）职业装着装要点

#### 1. 套裙

职业女士穿着西服套裙为佳，裙子长度在膝盖以上 2～5 厘米长最好，可以表现出女士干净、利落和优雅的感觉。颜色的选择方面注意以下几点：职业套裙的最佳颜色就是黑色、灰色，另外还有藏青色、暗红色、灰褐色等选择，花纹上可以选择方格的、印花的、条纹的等。

#### 2. 衬衣、内衣

衬衣的面料以纯棉、雪纺为佳；色彩可以是常规的白色、浅蓝、浅黄等。衬衣下摆塞入西裤、西装裙内。内衣的颜色以肉色或浅色为宜，如是夏季衬衣外穿，内衣颜色与衬衣颜色以相近为宜。内衣不能过于肥大，也不能过于紧小，否则将直接影响整体着装效果。

#### 3. 围巾

选择围巾时要注意跟套装的颜色一致，以选择丝绸质地的为好。

#### 4. 鞋袜

鞋以高跟、半高跟黑色皮鞋为宜，也可选择与着装色彩一致或相近的皮鞋。袜子应选择长筒袜或连裤袜（忌光脚），颜色以肉色、黑色为宜，注意袜口不能露在裙摆或裤脚外边。职业女士穿正装的时候，千万不要穿带网眼的丝袜。

## 五、饰物佩戴礼仪

饰物是指人们在着装的同时所选用、佩戴的装饰性物品。佩戴饰物要遵循一定的礼仪规范才能发挥它的作用，否则只能弄巧成拙。

### （一）佩戴饰物的原则

#### 1. 数量原则

佩戴首饰以少为佳，最多不超过三种。除耳环、手镯外，最好不要同时佩戴同类首饰超过一件。

2．同质同色原则

佩戴首饰力求同质同色，即同时佩戴两件或两件以上首饰，应使其质地、色彩一致。佩戴镶嵌首饰时，应使其主色调保持一致。

3．扬长避短原则

佩戴首饰时，应与自己的自身条件相协调，尽量使首饰的佩戴为自己扬长避短。

4．协调原则

佩戴首饰时，要跟穿着的服装质地、色彩、款式相协调；还应考虑所处的季节、场合、环境等因素，如春秋季可选戴耳环、胸针，夏季选择项链和手链，冬季则不宜选用太多的饰品；还要符合自己的身份，要与自己的性别、年龄、职业、工作环境保持大体一致。

（二）常见的饰物佩戴方法

1．戒指

大拇指通常不戴戒指，其余四个手指戴戒指的寓意是：戴在食指上，表示求爱；戴在中指上，表示正在热恋中；戴在无名指上，表示已经结婚；戴在小拇指上，表示单身者。注意一个手指上面不要戴多枚戒指，一只手不要戴两只以上的戒指。

2．项链

项链的佩戴应与自己的体形、脸形、脖子的长度及衣服的颜色相配。例如，体形较胖、脖子较短的人宜选择较长的项链；身材苗条修长、脖子细长的人则最好选择宽粗一些的短项链。

3．耳环

一般情况下一只耳朵戴一个耳环，耳环的形状不应与脸形"雷同"，即圆脸形不宜戴圆耳环，长脸形不宜戴长耳环等。耳环的颜色还要与服装相协调，商务女性最好戴耳钉。

4．丝巾

挑选丝巾重点是丝巾的颜色、图案、质地和垂坠感。挑选丝巾时应注意：如果脸色偏黄，不宜选用深红、绿、蓝、黄色丝巾；脸色偏黑，不宜选用白色、有鲜艳大红色图案的丝巾。

## 明礼践行

1. 按照学校的规章制度，学生在校必须穿校服。在校穿校服有哪些礼仪规范要求？

_____

_____

_____

2. 各行各业都有自己的工作服吗？请拍下照片，并记录在表2-2中，小组进行交流，讨论他们的形象是否符合他们的工作特点。

表2-2　各行各业的工作服

| 单位 | 人员 | 评语 | 照片 |
|------|------|------|------|
| 医院 | 护士 | 符合。穿白大褂、戴护士帽 | |
| | | | |
| | | | |

# 第四节　仪态礼仪

### 案例说礼

#### 如此面试坐姿

某公司一经理位置空缺，公司领导看中了小刘，准备对小刘进行考核。在考核中，小刘坐在那里一边回答问题，一边不停地变换双腿的姿势，甚至不停地抖动，眼睛一会儿看这一会儿看那，整个状况令领导皱眉，对小刘的印象大打折扣。

什么是仪态？仪态礼仪表现在哪些方面？

**思考** _____

_____

仪态即人的举止姿态，包括站姿、走姿、坐姿、蹲姿等。仪态礼仪虽然是一种无声语言，但它同有声语言一样，也具有明确的含义和表达功能，有时其效果甚至超出有声语言，这就是所谓的"此时无声胜有声"。良好的仪态常常给人以亲切、大方、优雅之感，拉近人们之间的距离，促使人们之间的交谈、合作更加顺畅，是社交活动的润滑剂。

## 一、站姿

站姿是一个人站立的姿势，它是人们平时所采用的一种静态的身体造型，同时又是其他动态的身体造型的基础和起点。"站如松"是优美站姿的真实写照。优美的站姿能显示个人的自信，塑造良好的气质和风度，并给他人留下美好的印象。

视频：站姿的要求

### （一）站姿基本要求

标准的站姿，从正面观看，全身笔直，精神饱满，两眼正视，两肩平齐，两臂自然下垂，两脚跟并拢，两脚尖张开呈60°，身体重心落于两腿正中；从侧面看，两眼平视，下颌微收，挺胸收腹，腰背挺直，手中指贴裤缝，给人以挺拔、舒展、庄重、大方、自信之感。男子要求稳健、刚毅、洒脱，体现阳刚之美，如图2-2和图2-3所示；女子要求优美、庄重、大方，体现柔和轻盈之美，如图2-4和图2-5所示。站立时，避免弯腰驼背、身体歪斜、膝部不直或手位不当等不良站姿。

视频：男士的站姿

视频：女士的站姿

图 2-2 男士正面站姿　　图 2-3 男士侧面站姿　　图 2-4 女士正面站姿　　图 2-5 女士侧面站姿

规范的站姿如下。

1）头正：抬头，头顶上悬，两眼平视前方，表情自然，面带微笑，微收下颌，精神饱满，动作平和自然。

2）肩平：两肩平正，微微放松，稍向后、向下沉。

3）臂垂：双肩平正，双臂自然下垂于身体两侧，虎口向前；手指呈自然弯曲状，中指贴于裤缝。

4）躯挺：胸部挺起，腹部内收，腰部立直。

5）提臀：臀部收紧，髋部两侧略向中间用力，臀大肌微收缩并上提。

6）腿直：两腿立直，脚跟靠拢，两脚尖朝外。

## （二）男士和女士的不同站姿

男士站立时，抬头、挺胸、收腹、立腰、提臀、下颌微收、双目平视，脚跟靠紧呈"V"字形，双手置于身体两侧自然下垂；或两腿平行分开，但不能超过肩宽，双手放于背后，右手握住左手手腕，左手捏空心拳，贴在臀部。

女士站立时，脚尖呈"V"字形（45°～60°）分开，间距约一个拳头的宽度，膝和脚后跟尽量靠拢，双臂自然下垂，处于身体两侧，也可以右手握住左手的手指部分，左右手大拇指内收在手心处，双手置于腹前（前腹式放置）；或一只脚跟靠于另一只脚内侧中间位置，呈"丁"字形站立，后腿的膝盖向前腿靠拢，双手前腹式放置。

**做一做**

### 站 姿 训 练

训练方式：以小组为单位，实行组长负责制，坚持每天训练 20 分钟，一个周期为 7 天，进行展示。

训练要求：要求健康、明媚、挺拔、自信；训练时最好配上轻松愉快的音乐，既可以调整心态，防止训练的单调，又可以减轻疲劳。

训练内容：

1）顶书训练。把书本放在头顶中心，为使书不掉下来，头、躯体自然会保持平衡。这种训练方法可以纠正低头、仰脸、头歪、头晃及左顾右盼的毛病。

2）靠墙训练。九点靠墙，后脑、双肩、臀、小腿、脚跟的九个点紧靠墙面，并由下往上逐步确认姿势要领。

3）对镜训练。每人面对镜面，检查自己的站姿及整体形象，看是否歪头、斜肩、含胸、驼背、弯腿等，发现问题及时调整。

4）背靠背训练。两人一组，背靠背站立，两人的后脑、肩部、臀部、小腿、脚跟紧靠，并在两人的肩部、小腿相靠处各放一张卡片，不能让其滑动或掉下。这种训练方法可使学生的后脑、肩部、臀部、小腿、脚跟保持在一个水平面上，使之有一个比较完美的形态。

活动反馈：_____

_____

## 二、坐姿

"坐如钟"是形容一个人的坐姿像钟一样沉稳端庄。优雅的坐姿传递着自信、友好、热情的信息，同时也显示出高雅、庄重的良好风范。

（一）规范、优雅的坐姿

### 1. 入座

入座要注意顺序、分清尊次，请长者、尊者先入座。入座的方法是：先侧身走近座椅，背对着座椅站立，右腿后退一点，以小腿确认一下座椅的位置，然后随势坐下。必要时，用一只手扶着座椅的把手。

视频：女士的优雅坐姿

入座时还应讲究"左入左出"，从座位左侧入座，从左侧离座，这是"以右为尊"的一种具体体现，而且也容易就座。最后，入座时动作应轻而缓，尽量不要坐得座椅乱响，噪声扰人，不可随意拖拉椅凳。就座时，若附近坐着熟人，应主动跟对方打招呼。若身边的人不认识，也应向其先点头问好。

视频：男士的优雅坐姿

### 2. 离座

离座时应先有表示，离开座椅时，身旁如有人在座，须以语言或动作先向其示意，然后方可站起身来。与他人同时离座，须注意起身的先后次序。地位低于对方时，应稍后离座；地位高于对方时，则可首先离座；双方身份相似时，可同时起身离座。起身离座时，最好动作轻缓，但不要"拖泥带水"、弄响座椅或将椅垫、椅罩掉在地上。

### 3. 坐姿规范

入座后基本要求是头部端正（图2-6）、躯干直立，一般坐满椅面的2/3（图2-7）。在工作中需要就座时，通常不应当上身倚靠着座椅的背部。在跟客人交谈时，为表示重视，不仅应面向对方，而且同时要把整个上身朝向对方。手可以双手叠放或相握后放在大腿上，也可以双手各自扶在一条大腿上。在课堂上，双手应放在课桌上。入座后，女士忌双膝分开，男士忌双腿叉开过大。就座时，忌双腿直伸出去、抖腿等不良坐姿。

图 2-6　正面坐姿

图 2-7　侧面坐姿

（二）坐姿的种类

1. 正襟危坐式

正襟危坐式适用于最正规的场合。要求上身和大腿、大腿和小腿都应当形成直角，小腿垂直于地面。双膝、双脚都要完全并拢。

2. 垂腿开膝式

垂腿开膝式是男性正规坐姿，要求上身和大腿、大腿和小腿都呈直角，小腿垂直于地面。双膝允许分开，幅度不要超过肩宽。

3. 双腿叠放式

双腿叠放式适合穿短裙的女士。要求将双腿一上一下交叠在一起，交叠后的两腿间没有任何缝隙，如一条直线。双脚斜放于左或右一侧。斜放后的腿部跟地面呈 45° 夹角，叠放在上的脚尖垂向地面。

4. 双腿斜放式

双腿斜放式适合于穿裙子的女士在较低的位置就座时所用。要求双腿首先并拢，然后双脚向左或向右侧斜放，力求使斜放后的腿部与地面呈 45° 夹角。

5. 双脚交叉式

双脚交叉式适用于各种场合，男女都可选用。双膝先要并拢，然后双脚在踝部交叉。需要注意的是，交叉后的双脚可以内收，也可以斜放，但不要向前方远远地直伸出去。

6. 双脚内收式

双脚内收式适合在一般场合采用，男女都适合。要求两条大腿首先并拢，双膝可以略微打开，两条小腿可以在稍许分开后内侧屈回，双脚脚掌着地。

7. 前伸后曲式

前伸后曲式是女士适用的一种坐姿。需要大腿并紧后，向前伸出一条腿，并将另一条腿屈后，两脚脚掌着地，双脚前后要保持在一条直线上。

**做一做**

## 坐 姿 训 练

训练要求：每次训练时间为 20 分钟，可配音乐进行训练，用以调整心情，防止训练的单调，也可以减轻疲劳，还可以掌握动作的节奏。

训练方法：

1）两人一组，选择一项坐姿，面对面练习，相互指出对方的不足。

2）坐在镜子前面，按照坐姿的要求进行自我纠正，重点检查入离座的动作、手位、腿位、脚位及躯干的姿态。

训练内容：

1）练习入座。可选用不同高度的座椅，如课椅、沙发、吧凳等进行练习。按规范动作入座（从椅子的左侧入座）。

2）练习离座。离座时，注意速度适中，注意腰背的直立。

3）练习坐姿。在不同高度的椅子、沙发上进行练习。训练时，强调上体的挺拔，女士双膝并拢；男士双膝分开但幅度不应过大。注意不同坐姿要求的准确度。

4）练习不同手型及双脚的摆放，注意男士、女士的不同礼仪要求。

活动反馈：_____

_____

## 三、走姿

走姿是站姿的延续动作。"行如风"是指行走动作连贯，从容稳健，有一种轻快自然的美。走姿的基本要求是上身保持直立、挺胸收腹，优雅而有风度，轻盈而有节奏。正确的步态表现出一个人朝气蓬勃、积极向上的精神状态，呈现出一种健美的姿态，给人留下美好的印象。走姿最忌"内八字"和"外八字";忌弯腰驼背、歪肩晃膀、扭腰摆臀、左顾右盼、脚蹭地面等不良走姿。

正确的走姿要领如下。

### 1. 重心放准

起步时,脚尖略开,脚跟先离开地面,依靠后腿将身体重心送到前脚脚掌,使身体前移。

### 2. 步位标准

女士要求两脚内侧落地时,在一条直线上,即所谓"一字走"。男士要求平行前行,即两脚内侧着地在两条直线上。

### 3. 步幅适当

标准步幅为一脚至一脚半,即前脚脚跟与后脚脚尖之间的距离为本人脚长 1～1.5 倍。但因性别和身高不同会有一定差异。着不同服装,步幅也不同。女士穿裙装、旗袍、礼服时,步幅应略小些;穿长裤时,步幅可大些,显得生动活泼。

### 4. 步高合适

行走时脚不要抬得过高,否则看上去缺乏稳健感;也不能抬得过低,脚后跟在地上拖着走,否则使人感觉缺乏朝气,显得步履蹒跚、老态龙钟。

### 5. 摆臂自然

双肩平衡以防止左右摇晃;双臂则应自然放松,以肩关节为轴,大臂带动小臂,手掌向着体内,前后自然摆动,摆幅以 30°左右为准。

**做一做**

## 走 姿 训 练

训练要求:每次训练时间为 20 分钟,可配音乐进行训练,用以调整心情,防止训练的单调,也可以减轻疲劳,还可以掌握动作的节奏。

训练内容:

1)摆臂训练。身体直立,以肩为轴,双臂前后自然摆动。注意摆动的幅度适度,纠正双肩过于僵硬、双臂左右摆动的毛病。

2）步位步幅训练。在地上画一条直线，行走时检查自己的步位和步幅是否正确，纠正"外八字""内八字"及脚步过大或过小的毛病。

3）稳定性训练。将书本放在头顶中心，保持行走时头正、颈直、目不斜视。

4）协调性训练。配以节奏感较强的音乐，行走时注意掌握好走路的速度、节拍，保持身体平衡，双臂摆动对称，动作协调。

5）侧身步训练。髋部朝向前行的方向，上身稍向右转体，进行行走训练；髋部朝向前行的方向，上身稍向左转体，进行行走训练。

活动反馈：_____

## 四、蹲姿

蹲姿，是指在低处取物时所呈现的姿势，是人处于静态时的一种特殊体位。在日常生活中，当我们遇到捡地上的东西或者系鞋带等情况时，都要做到动作美观、姿势优雅。

（一）蹲姿要领

视频：蹲姿

站在所取物品的旁边，左脚在前，右脚向后退半步后再蹲下来。蹲下后，左小腿垂直于地面，右脚脚尖着地、脚跟提起。此刻右膝须低于左膝，右膝内侧可靠于左小腿的内侧，形成左膝高右膝低之态。保持抬头挺胸、脊背挺直、臀部向下，避免弯腰翘臀的姿势。男士两腿间可留有适当的缝隙，女士则要两腿并紧，穿旗袍或短裙时需更加留意，以免尴尬。

（二）蹲姿的种类

1. 高低式

高低式的基本特征是下蹲后双膝一高一低。要求蹲下之后，左脚在前，完全着地，小腿基本垂直于地面，右脚脚尖着地，脚跟提起。右膝要低于左膝。臀部向下，用右腿支撑身体。女性要两腿并拢，男性可适当分开。

视频：高低式蹲姿

2. 交叉式

交叉式姿势适用于女士。蹲下后双腿交叉在一起。下蹲时右脚在前，左脚在后；右小腿垂直于地面，全脚着地。右腿在上，左腿在下，两者交叉重叠。左膝从后下方伸向右膝，左脚跟抬起，并以脚尖着地。两腿前后靠近，合力支撑身体。上身微微前倾，臀部朝下。

视频：交叉式蹲姿

## 做一做

蹲 姿 训 练

训练要求：训练时最好配上轻松愉快的音乐，既可以调整心情，防止训练的单调，又可以减轻疲劳。

训练方式：以小组为单位，实行组长负责制，主要包括以下内容。

1）原地蹲下，练习捡拾落在地上的笔、文件夹、纸张等。

2）练习行进中停步、蹲下、拾捡东西、起身离开的连贯动作。

训练内容：

1）练习蹲下的动作：在蹲姿练习中注意确保上身的挺拔，做出拢裙摆、掩衣襟的动作。

2）高低式蹲姿练习：注意臀部向下。

3）交叉式蹲姿练习：注意身体的稳定性。

活动反馈：_____

_____

## 五、手势

手势是指人们在运用手臂时所采用的具体动作与姿势。恰当地使用手势，有助于语言表达，增进与对方的相互理解，还能传情达意，给人以肯定、明确的印象。

视频：指示手势

图2-8 横摆式手势

（一）常见的手势

1. 指示手势

指示手势是指用以引导来宾，指示方向的手势。常用的指示手势如下。

（1）横摆式

以右手臂从体侧或前方抬起，五指并拢，掌心略向上，左手先指向客人身体中端，再平行划向所指方向，同时说："请往这边走！"待客人离去后再将手臂收回（图2-8）。

（2）曲臂式

手臂弯曲，由体侧向体前摆动，手臂高度在胸部以下，同时说："您请进！"适用于请人进门。

（3）斜臂式

手臂由上向下斜伸摆动，同时说："您请坐！"适用于请人入座。

**2.　鼓掌手势**

鼓掌手势是表示欢迎、祝贺、支持的一种姿势。具体手势为右手掌心向下，有节奏地拍击掌心向上的左掌，采取左手较被动、右手较主动的方式。必要时，应起身站立鼓掌。

**3.　递接物品手势**

递接物品时，应该用双手或右手，手掌向上，五指并拢，用力均匀，做到轻而稳。如果递送带刀、带刃或其他易于伤人的物品时，应做到刀尖向自己（图2-9）。

**4.　举手致意手势**

举手致意手势是用来向他人表示问候、致敬、感谢、再见时的手势。具体手势为掌心向外，面向对方，指尖朝向上方，千万不要忘记伸开手掌。

图 2-9　递接物品

**5.　夸奖手势**

夸奖手势主要用以表扬他人。具体手势为伸出右手，握拳并跷起大拇指，大拇指指尖向上，指尖腹面向被夸奖的人。

**（二）运用手势注意事项**

**1.　使用规范性手势**

使用手势要准确，符合国际规范、国情规范、大众规范和服务规范，这样才不至于引起误解。同时手势和语言要一致，不能让人产生误解。

**2.　注意区域的差异**

不同国家、地区、民族，由于文化习俗的不同，手势的含义也有很多差别，甚至同一个手势的含义也不相同。

**3.　手势宜少不宜多**

使用手势要适度，每个手势都力求简单、精练、清楚、明了，多余的手势会给人留下装腔作势、缺乏涵养的感觉。

4. 注意手势的力度和幅度

使用手势时应注意手势的力度大小适中，动作幅度不宜过大，更不要手舞足蹈。手势幅度应服从内容、对象和场合的需要。

## 六、表情礼仪

表情指人的面部神态，是指眼、眉毛、口、面部肌肉等综合反映出的心理活动和情感信息。美国心理学家艾伯特·梅拉比安把人的感情表达效果总结成了一个公式：情感的表达=语言（7%）+声音（38%）+表情（55%）。可见，表情是内心世界的直接流露，是我们内心世界变化的外在体现。人的面部表情中，最能给人留下深刻印象的莫过于目光和微笑。

（一）目光

"眼睛是心灵的窗户"，目光接触是人际交往间最能传神的非语言交往。配合默契的人之间无须语言交流，眼神就能传递信息，让彼此心领神会。因此，在人际交往中，不能忽视目光的作用，平时应注意培养自己用眼睛"说话"的能力。

1. 注视的角度——PAC 规律

P——parent，指用家长式的目光与人交流，视线是从上到下打量对方，试图找出差错，表示权威感和优越感，体现对晚辈的宽容，也可以表示轻视、傲慢他人。

A——adult，指用成人的目光与人交流，视线是水平的，互相之间的关系是平等的，表示客观和理智。这种目光在普通场合与身份地位平等的人交往时运用。

C——children，指用小孩的目光与人交流，目光向上，表示请求、服从、尊重及敬畏对方。

2. 注视的部位——三角规律

与人交谈时，目光应该注视着对方。一般情况下，目光注视的区域应局限于上至对方额头，下至对方衬衣的第二粒纽扣以上，左右以两肩为准的方框中。在这个方框以内，一般有三种注视方式。

1）公务注视。一般在洽谈、磋商等场合使用。注视的位置在对方的双眼与额头之间的三角区域（图 2-10）。

2）社交注视。一般在社交场合，如舞会、酒会上使用。注视的位置在对方的双眼与嘴唇之间的倒三角区域（图 2-11）。

3）亲密注视。一般在亲人之间、恋人之间、家庭成员等亲近人员之间使用。注视的位置在对方的双眼和胸部之间的三角区域（图 2-12）。

图 2-10　公务注视　　　　　图 2-11　社交注视　　　　　图 2-12　亲密注视

3．注视的时长——时间规律

从注视的时间长短来说，注视时间应控制在整个谈话时间的 1/3～2/3 最合适，少了则说明对对方的谈话内容不感兴趣；多了则表示对对方本人的兴趣要多于他谈话的内容。另外，在初次见面或异性之间见面，如果将目光长时间集中在对方的脸上或身体的某一部位，则是一种失礼的行为。

**做一做**

试试回答下列眼神通常会传递哪些信息。

1）被别人注视或碰到别人眼神后立刻将视线移开。

_____

2）眼珠频繁转动。

_____

3）双眉紧锁，目光无神或不敢正视对方。

_____

4）视线移动多且有规律。

_____

5）听别人讲话却不将视线集中在谈话人身上。

_____

6）说话人将视线集中在你身上。

_____

（二）微笑

微笑是人际交往中最富有吸引力、最有价值的面部表情。有这样一句话："如果你不漂亮，就要使自己有才华；如果你既不漂亮，又没有才华，你就要学会微笑。"真正富有感染力的微笑应发自内心，渗透着自己的情感，毫无包装或矫饰之感。

**做一做**

课前布置同学们每人带一面小镜子，上课时，大家微笑着面对镜子看自己，找找"微笑的脸"具备哪些特征。

_____

_____

1. 标准的微笑——三米、八/六齿

标准微笑，是指别人在离你三米远的时候就可以看到你面容祥和，嘴角微微上翘，露出上齿的八/六颗牙齿。注意要保持牙齿的干净以表示尊重。

**读一读**

**微笑的种类**

一度微笑：指嘴角两端一起向上提，使上嘴唇有拉上去的紧张感，稍微露出两颗牙齿或笑不露齿均可，表示友好情绪，适宜社交场合初次见面。

二度微笑：指嘴角明显上弯，慢慢使肌肉紧张起来，使上嘴唇有明显拉上去的紧张感，露出上牙6～8颗，眼睛也要笑。适宜社交场合与熟人、亲友间友谊性微笑。

三度微笑：一边拉紧肌肉，使之更加紧张，一边把嘴角两端一起向上提，露出8～10颗牙齿，下牙也要稍微露出，表示亲爱甜蜜情绪，适宜亲人、恋人之间使用。

2. 微笑的基本要求

微笑的基本要求包括以下几个方面。

（1）微笑与眼睛相结合

微笑的时候，眼睛也要微笑，否则给人的感觉是"皮笑肉不笑"。眼睛的微笑有两种：一是"眼形笑"，二是"眼神笑"。取一张厚纸遮住眼睛下边部位，对着镜子，心里想着最高兴的情景，就会露出自然的微笑。

（2）微笑与语言相结合

当跟人打招呼时，微笑着说"早上好！""您好！""再见！"等礼貌用语，会立即拉近与人的距离，给人以春天般的温暖，达到声情并茂、相得益彰的效果。

（3）微笑与身体相结合

微笑时要举止得当，要防止生硬、虚伪。只有与正确的身体语言、礼仪动作相结合，微笑才会给人以最佳印象。

**做一做**

### 微笑技能训练

可以采取以下几种方式来进行微笑训练。

1. 放松嘴唇周围肌肉——哆来咪训练

哆来咪训练是嘴唇肌肉放松运动，是微笑练习的第一阶段。从低音哆开始，到高音哆，大声、清楚地每个音说三次。注意不是连着练，而是一个音节一个音节地发音。

2. 含筷训练

用牙齿咬住一根筷子微笑。

3. 对镜自赏

自己照着镜子训练。

4. 回想快乐的事情

回忆让自己快乐的事情，嘴角自然就会上扬了。

5. 相互评价

同学或朋友从旁观者的角度帮助自己训练微笑。

## 明礼践行

1. 走姿是指一个人在行走过程中的姿势，是站姿的延续动作。走姿有什么基本要求？男士和女士的走姿有什么不同之处？

_____

_____

_____

2. 同学之间相互留心观察，在日常的生活中有没有不良走姿存在。对照表2-3，写出不良走姿的训练要领及改正步骤。

表2-3  不良走姿的训练要领及改正步骤

| 不良走姿 | 训练要领 | 改正步骤 |
|---|---|---|
| 含胸驼背 | | |
| 垂头走路 | | |
| 臀部摆幅过大 | | |
| 拖泥带水 | | |
| 八字脚 | | |
| 手臂摆幅过大 | | |

## ●●●● 本 章 小 结 ●●●●

个人形象礼仪不仅是个人外在的仪表，也是社会文明的现实缩影，更是一个人内在气质和修养的体现。个人礼仪的养成不是一朝一夕所能做好的，而需要持续地学习和训练，并不断沉淀和积累。

# ◆ 知 识 乐 园 ◆

第二章知识乐园答案

## 一、单项选择题

1. 正常情况下，人们观察一个人往往是从_____开始的。
   A. 衣服　　　　　B. 头发　　　　　C. 眼睛　　　　　D. 头部

2. _____是最好的美容品。
   A. 化妆品　　　　B. 充足的睡眠　　C. 精神愉快　　　D. 多喝水

3. _____是一种国际性服装。
   A. 礼服　　　　　B. 夹克　　　　　C. 风衣　　　　　D. 西装

4. 入座时，应坐满椅面的_____。
   A. 1/2　　　　　B. 1/3　　　　　C. 2/3　　　　　D. 全面

5. 下列配色中属于使用色彩统一法来搭配的是_____。
   A. 黑色配白色　　　　　　　　　B. 蓝色配绿色
   C. 淡蓝配深蓝　　　　　　　　　D. 橙色配黄色

## 二、多项选择题

1. 职业形象的塑造有_____等要素。
   A. 仪容　　　　　B. 服饰　　　　　C. 举止
   D. 表情　　　　　E. 谈吐　　　　　F. 待人接物

2. 化妆的目的不在于追求局部的亮丽，而在于表现个人的整体美。以下符合协调原则的有_____。
   A. 妆面协调　　　B. 全身协调　　　C. 身份协调
   D. 场合协调　　　E. 环境协调

3. 下列色彩可以与其他颜色相搭配且不会出现大的问题的是_____。
   A. 黑色　　　　　B. 红色　　　　　C. 白色
   D. 灰色　　　　　E. 咖啡色

4. 微笑时要做到三结合，即_____。
   A. 与眼睛结合　　B. 与语言结合　　C. 与环境结合
   D. 与身体结合　　E. 与场合结合

5. "内正其心，外正其容"，个人礼仪的首要要求就是仪容美，仪容美主要包括_____。
   A. 自然美　　　　B. 仪表美　　　　C. 内在美
   D. 修饰美　　　　E. 语言美

### 三、判断题

1. 良好的形象给人以有能力、可依赖、高品质的印象。 （　　）
2. 与人交谈时可以嚼口香糖。 （　　）
3. 引导来宾、指示方向一般用斜臂式手势。 （　　）
4. 手势宜多不宜少。 （　　）
5. 入座时要注意顺序，请长者、尊者先入座。 （　　）

### 四、简答题

1. 何谓个人形象？为什么要重视个人形象？如何塑造富有魅力的个人形象？
2. 服装穿着得体是一种礼貌。服装穿着应遵循哪些原则，才能起到相得益彰、锦上添花的作用？
3. "眼睛是心灵的窗户"，在运用目光礼仪时，应遵循哪些规律以更好地传达自己的情感？

### 五、案例分析题

刘伟是一家大型国有企业的总经理。有一次，他获悉有一家著名的德国企业的董事长正在本市进行访问，并有寻求合作伙伴的意向。他于是想尽办法，请有关部门为自己牵线搭桥。

让刘伟欣喜若狂的是，对方也有兴趣同他合作，而且希望尽快与他见面。到了双方会面的那一天，刘伟对自己的形象刻意地进行了一番修饰，他根据自己对时尚的理解，上穿夹克衫，下穿牛仔裤，头戴棒球帽，足蹬旅游鞋。无疑，他希望自己能给对方留下精明强干、时尚新潮的印象。然而事与愿违，刘伟自我感觉良好的这一身时髦的"行头"，却偏偏坏了他的大事。

思考：

1. 刘伟的错误在哪里？
2. 德国企业的董事长对此有何评价？

## 活 动 项 目

活动名称：仪态训练
活动场地：礼仪教室

活动工具：镜子

活动内容：

## 训练一 微 笑 练 习

1．照镜子练习法。对着镜子来纠正三度微笑时出现的问题。

2．多回忆美好的往事，发自内心地微笑。

3．发"一""七""茄子""威士忌"等音练习嘴角肌的运动，使嘴角露出微笑。

4．把手指放在嘴角并向脸的上方轻轻上提，一边上提，一边使嘴角充满笑意。

5．同学之间通过打招呼来练习微笑，并相互纠正。

6．情景熏陶法。通过美妙的音乐创造良好的环境氛围，引导学生会心地微笑。

## 训练二 眼 神 练 习

1．面对镜子完成各种眼神的练习。

2．手张开举在眼前，手掌向上提并随之展开，随着手掌的上提、展开，眼睛逐渐睁大有神。

3．同学间相互检测对方眼神是否运用恰当。

4．结合微笑练习协调整体效果。

## 训练三 手 势 训 练

1．情景训练法。组织学生扮演引导者，根据大家的不同需求运用恰当的手势，并采取互评来相互学习。

2．及时纠正或提醒手势运用中容易出现的问题：

1）五指张开，弯曲未并拢；

2）手臂僵硬，显得机械；

3）弧度过大、生硬，肘关节接近90°；

4）未与微笑和眼神相配合或不协调。

活动评价：将考核评价填写在表2-4中。

表2-4 考核评价表

| 考核项目 | 考核内容 | | 分值 | 自己评分 | 小组评分 | 实际得分 |
|---|---|---|---|---|---|---|
| 微笑 | 三度微笑的技巧 | 一度微笑 | 5 | | | |
| | | 二度微笑 | 5 | | | |
| | | 三度微笑 | 5 | | | |
| | 展示个人最好的微笑 | | 15 | | | |

续表

| 考核项目 | 考核内容 | | 分值 | 自己评分 | 小组评分 | 实际得分 |
|---|---|---|---|---|---|---|
| 眼神 | 不同情境的眼神表现 | | 30 | | | |
| 手势 | 常见的几种引导手势演示 | 请进 | 5 | | | |
| | | 请往高处看 | 5 | | | |
| | | 里边请 | 5 | | | |
| | | 请坐 | 5 | | | |
| 微笑、眼神与手势的协调表现 | | | 20 | | | |

**活动反馈：** _____

_____

# 知书达礼——营造文明校园

## 知识导航

**知识目标** 　了解学生礼仪的基本要求；了解师生交往、同学交往的礼仪要求；了解校园公共场所的礼仪要求和行为规范。

**技能目标** 　掌握校园礼仪规范技能，并能够在校园各场所正确地运用。

**素养目标** 　认识到在校园里遵守不同的礼仪规范的重要性，并重视和养成讲究礼仪的良好习惯。

# 第一节 学生个人礼仪

## 案例说礼

### 林林的困惑

林林考上了本市一所中等职业学校的服装设计专业,这是她梦寐以求的专业。她觉得这个专业走在时尚的前沿,所以应该把自己打扮得时尚新潮一些。在开学前,林林不单把自己的头发染成了棕红色,还烫了卷。9 月 1 日报到这天,林林还戴上了戒指、项链、耳环,穿了一件吊带连衣裙,足蹬一双 9 厘米的高跟鞋,还化了浓妆。林林随着人流来到了学校门口,可是却被门卫拦在了大门以外。

**思考** 林林是该校的学生,为什么门卫却不让她进校门?请你给林林支支招,她应该怎么打扮才符合自身的形象?

_____

_____

无规矩不成方圆,在校园里制定必要的规章制度,规范学生的仪容仪表,培养学生健康的审美情趣,养成良好的生活习惯和行为习惯,有着十分重要的作用。一个人的仪容仪表,不但可以体现其文化修养,也可以反映其审美情趣。良好的仪容仪表是尊重对方、讲究礼貌、互相理解的具体表现,也是展示中职学生精神面貌的外在表现。在中等职业学校校园里,学生应该从哪些方面重视自己的个人形象呢?

## 一、仪容整洁,大方得体

整洁是学生仪容美的基本要求,是仪表美的关键。每位学生都应该保持美好、整洁的仪容,养成良好的卫生习惯,做到"六勤",即勤洗澡、勤换衣裤、勤修面、勤理发、勤洗手、勤剪指甲。

仪容整洁首先要保持面部清洁,坚持早晚洗脸,保持皮肤光滑干净,使自己精神抖擞。女生不化妆,以体现自然美;男生要剃净胡须,要修剪鼻毛,使其不外露。

头发要清洁、整齐、柔软,没有头皮屑。在发型选择上应体现活泼大方、干净有型,以显示年轻人朝气蓬勃的精神面貌。男生一般理平头、学生头,显得整洁、干净,富有朝气。女生一般理短发，这样既便于梳理，适应紧张的学习生活，又能体现少女的清纯、活泼，给人以自然美之感。

坚持每天早晚刷牙，饭后漱口，保持牙齿的清洁和口腔的清新。吃饭时，避免食用带有强烈气味的食物，如大蒜、韭菜等；不当众剔牙；不在他人面前嚼口香糖。

勤洗手，及时修剪指甲，保持手部清洁，避免指甲缝内存有污垢；不涂指甲油，不在公众场合当众修剪指甲，也不能摆弄手指。

勤洗澡，勤换衣服、袜子，身上不留异味，保证身体气味的清爽是仪容礼仪的前提。如果身体带有汗味或者其他异味会被视为失礼。

## 二、姿态优雅，从容稳重

学生仪态的基本要求是站如松、坐如钟、行如风，如图 3-1 所示。集会、军训、体育课、礼仪课等都是站姿训练的机会，标准的站姿需经过严格持久的训练才能养成；在教室里入座时要轻、稳、缓。上课时，身体坐正、上身挺直，与老师谈话时，身体微微前倾，表示对老师讲话的专注。开会、听报告、看演出时，要坐直坐稳，不要左顾右盼、随便走动而影响他人；在校园过道、楼梯、走廊等地方行走时，切忌横冲直撞、步态不雅。

图 3-1　学生的仪态

## 三、仪表整洁，朝气蓬勃

中等职业学校学生在校期间，应穿统一的校服。学生穿校服的基本要求是整齐、清洁、合身。服装必须合身，上衣袖长至手腕，裤长至脚面，裙子则应长过膝盖，尤其内衣不能外露；不挽袖、不卷裤口，不漏扣、不掉扣。运动装的校服拉链要拉至胸前，不可敞胸露怀；保持衣服的干净整洁，无污垢、无油渍，领口与袖口处尤其要保持干净。不能在校服上乱写乱画、随便添加饰物，不能随便修改校服。

学生在校园内不得穿拖鞋，不得穿奇装异服，不盲目追求名贵服饰；不佩戴项链、戒指等饰物；女生不得穿高跟鞋，不得穿露背装、露脐装、吊带装、超短裙（裤）进入校园；男生不得穿背心或袒胸露背进入校园。否则不仅违反学校的规则，也不利于学生身心的健康成长。

### 四、尊重他人，语言文明

#### 1. 尊重他人

尊重他人是一种高尚的美德，是个人修养的表现。尊重他人需要设身处地为他人着想，维护他人的尊严。

在校园里，同学之间应礼貌待人，不打架、不骂人、不讽刺挖苦别人，对所有人要一视同仁，不能以家庭、身体、智能、性别等原因而轻视、歧视他人，不损害他人的自尊心。要善于发现他人的优点和长处，真诚地欣赏和赞美他人，给予他人积极的评价。应尊重老师的劳动，上课认真听讲；尊重清洁人员和食堂工作人员的劳动，不在校园内乱扔垃圾，不在校园内乱画乱涂。

#### 2. 语言文明

语言文明是讲文明、有教养的具体表现，也是中等职业学校学生所必须遵守的日常行为规范。中等职业学校学生要注重使用文明语言，不用粗野、庸俗甚至下流的词语。平时多用以下的礼貌语言跟人交流。

1）见面问候语："您好""早上好""晚上好""见到您很高兴""××最近很忙吧？请转达我对他的问候"。

2）分手辞别语："再见""再会""祝您一路顺风""希望不久的将来还能在这里欢迎您"。

3）求助于人语："请""请问""请帮忙""请帮助我一下""请多指教"。

4）受人相助语："谢谢""麻烦您了""非常感谢"。

5）得到感谢语："别客气""不用谢"。

6）打扰别人语："请原谅""对不起""给您添麻烦了""让您受累了"。

7）听到致歉语："不要紧""没关系""您不必介意"。

8）接待来客语："请进""请坐""请喝茶""再次见到您，真是十分高兴""欢迎光临"。

9）送别客人语："再见""慢走""欢迎再来"。

10）无力助人语："抱歉""实在对不起""请原谅"。

11）礼称别人语："老师""同志""先生""女士""师傅""朋友"。

12）提醒别人语："请您小心""请您注意""请您别急"。

13）提醒行人语："请您注意安全""请走人行横道"。

14）慰问语："您辛苦了""让您受累了""给您添麻烦了"。

15）赞美语："您干得很好""太棒了""您真了不起""这太美了"。

16）征询语："我能为您做些什么吗？""这样会不会打扰您？""您还有别的事情吗？""请您让一让好吗？"。

17）道歉语："很抱歉！这件事实在没有办法做到""真不好意思……""真对不起，让您久等了""对不起，打扰了""对不起，请稍候"。

18）应答语："行，请您稍候""好，马上就来""您不必客气，这是我应该做的""不用谢，照顾不周的地方请您多多包涵""请您吩咐"。

19）排队语："请大家自觉排队""请您排队好吗"。

20）接打电话语："您好""谢谢""再见"。

## 明礼践行

1. 无规矩不成方圆，中等职业学校学生在校园里应该从哪些方面来塑造自己的形象？

_____

_____

_____

2. 请分别列举出五个问候语、辞别语、道歉语和应答语。

_____

_____

_____

# 第二节　校园交往礼仪

## 案例说礼

### 程门立雪

北宋时期，有个叫杨时的进士，他特别喜好钻研学问，到处寻师访友，曾求学于洛阳著名学者程颢门下。程颢去世后，为了继续学习，他又拜程颐为老师。杨时那时已四十多岁，学问也相当高，但他仍谦虚谨慎、不骄不躁、尊师敬友，深得程颐的喜爱，被程颐视为得意门生，得其真传。

一天，杨时与一起学习的游酢向程颐请求学问，却不巧赶上老师正在屋中打盹儿。杨时便劝告游酢不要惊醒老师，于是两人静立门口，等老师醒来。一会儿，飘起了鹅毛大雪，且越下越急，杨时和游酢却还立在雪中，游酢实在冻得受不了，几次想叫醒程颐，都被杨时阻拦住了。直到程颐一觉醒来，才赫然发现门外的两个雪人。程颐深受感动，更加尽心尽力教杨时，杨时不负众望，终于学到了老师的全部学问。

之后，杨时回到南方传播程氏理学，且形成独家学派，世称"龟山先生"。后人便用"程门立雪"这个典故，来赞扬那些求学师门、诚心专志、尊师重道的学子。

**思考**　古人云："一日为师，终身为父。"老师就像我们的父母，他们不仅是知识的传播者，更是我们人生的导师。尊敬老师，应发自内心，见之行动。回忆一下：你有没有在老师休息的时候去打扰他？有没有像杨时一样尊敬老师呢？

_____

_____

校园交往礼仪是学生在学校学习、生活中的礼仪规范，它包括师生之间交往礼仪和同学之间交往礼仪。在校园学习和生活中，协调好师生、同学之间的关系，遵循人际交往礼仪规范，创造良好的人际关系，对构建和谐校园有着重要的影响和作用。

## 一、师生之间交往礼仪

老师是学生获取知识的源泉，是学生处理疑难问题的向导，也是学生为人处世的楷模。为此，学生应热爱与尊敬老师，尊重老师的劳动，虚心接受老师的批评教育，严格遵循有关的礼仪规范。

**读一读**

### 汉明帝敬师

汉明帝刘庄做太子时，博士桓荣是他的老师。后来刘庄继位，但仍"尊桓荣以师礼"。他曾亲自到太常府去，让桓荣坐东面，设置几杖，像当年讲学一样，聆听老师的指教。他还将朝中百官和桓荣教过的学生数百人召到太常府，向桓荣行弟子礼。桓荣生病，明帝就派人专程慰问，甚至亲自登门看望。每次探望老师，明帝都是一进街口便下车步行前往，以表尊敬。

作为中等职业学校学生，我们应该怎样尊重老师？与老师相处时又应该注意哪些礼仪呢？

1）见到老师要主动有礼貌地打招呼（图 3-2）。无论何时何地，见到老师都应主动问好，一般以鞠躬礼问候。问候时要注视着老师，面带微笑，语气诚恳。

2）在楼梯口或狭窄的通道碰见老师，应侧身让老师先行。学生和老师一起外出，乘坐交通工具时，学生应请老师先上；遇到年纪大的老师，应主动搀扶；有空座位时应请老师先入座。

3）进入老师办公室前应轻轻叩门，在得到老师的允许后方可进入（图 3-3）。进入办公室不要东张西望，更不能随意乱动老师的物品。在办公室不宜逗留过久，否则会打乱老师的时间安排，还会影响老师的工作。事情办完即应离开办公室。

4）尊重老师的劳动成果，上课认真听讲，积极思考，按时、认真、独立地完成老师布置的作业，对老师在作业本上的批改应认真领会。

5）不要顶撞老师。若老师的批评与事实有出入，可心平气和地解释，或在事后寻找适当的场合、时机加以说明。不能因此散布对老师的不满情绪，发泄无礼的言辞。

6）尊重老师的人格和习惯，对老师的相貌和衣着不应指指点点、评头论足，对学校里所有的教职员工，应一视同仁、以礼相待。

图 3-2　鞠躬问候

图 3-3　进入办公室礼仪

## 老师的不同称谓

古代的人都很尊重老师，对老师也有很多不同的尊称。那么，古代对老师的称谓有哪些？古人是怎么称呼老师的？

1）师。泛指老师、教师。韩愈《师说》："古之学者必有师。师者，所以传道受业解惑也。"

2）夫子。原为孔子门徒对孔子的尊称，后来成为人们对教师的尊称。《论语·子张篇》："夫子焉不学？而亦何常师之有？"

3）师傅。古时对老师的通称。《谷梁传·昭公·十九年》："羁贯成童，不就师傅，父之罪也。"

4）师父。古代有"一日为师，终身为父"的说法，所以也将老师尊称为师父。《吕氏春秋·劝学》："事师之犹事父也。"

5）先生。《礼记·曲礼上》："从于先生，不越路而与人言。"郑玄注："先生，老人教学者。"

6）老师。教授学生的人。元好问《示侄孙伯安》："伯安入小学，颖悟非凡儿，属句有夙性，说字惊老师。"

## 二、同学之间交往礼仪

在学校里，同学之间朝夕相处，情同手足，是亲密的伙伴。珍惜同学之间的友情，处理好同学之间的关系，在自己的学习和成长过程中，甚至在整个人生中都会有很大的益处。因此，与同学交往应相互尊重，彼此应以礼相待、和睦相处，珍惜彼此在校园中共同度过的美好时光。

（一）同学交往原则

1. 相互尊重

相互尊重是处理好同学之间关系的基础。尊重同学首先是尊重他人的人格。讥笑、辱骂、给同学起绰号，不仅伤害同学的自尊心，还侮辱了同学的人格，是不礼貌、不道德的行为。另外，要尊重他人的生活习惯。个人的生活习惯是自幼养成的，是受家庭的教育和周围环境的影响而潜移默化的结果，尊重别人的生活习惯就等于尊重他人的人格。

2. 真诚友爱

真诚友爱是一种崇高的道德情感。因此，要树立"心中有他人"的观念，与同学友爱团结。同学之间要平等待人、相互尊重，一言一行、一举一动都要从团结的愿望出发。平时遇见同学一定要打招呼。打招呼的方式很多，可以问好、点头、微笑、招手或喊一声名字等，要做到热情、诚恳。用真诚去爱别人，必然会得到别人真诚的回报。

3. 礼貌相待

有些同学认为，同学之间长期相处、友谊日深、亲密无间，不必以礼相待，这是一种错误的认识。在学校里，时时处处都应与同学礼貌相待。例如，遇见同学时可直呼其名，但不能用"喂""哎"等不礼貌的用语称呼同学。若有求于同学，需用"请""谢谢""麻烦您"等礼貌用语。借用同学东西时，应先征得同学的同意后再拿，用后及时归还，并要致谢，等等。

4. 理解宽容

宽容是一种美德，一种力量，一点关照，一丝温暖。"人非圣贤，孰能无过"，与同学相处，要有一颗理解宽容的心，遇事多为他人着想。即使别人犯了错误或冒犯了自己，也不要斤斤计较。要明白"海纳百川，有容乃大"的道理，学会理解宽容，善于原谅。

5. 帮助他人

乐于助人是中华民族的传统美德之一，也是校园礼仪中不可缺少的内容。当有同学需要帮助时，应分清是非，弄明情况。如果是对的，应尽力而为、量力而行，助其一臂之力，忌视而不见、置之不理；如果是要自己弄虚作假，或者是做违反校纪的事，就要有正确的是非观，不可同流合污。

（二）同学交往"六忌"

**1. 忌人格不平等**

同学之间在人格上是平等的，因此彼此应相互尊重、礼貌沟通，自傲或自卑者都可能与同学人为地拉大距离，影响同学关系的正常发展。

**2. 忌小群体**

在一个班级集体中学习，总有一些关系不错的同学。但忌长时间地接触几位关系好的同学，而不和其他人相处。尤其是当小群体的利益与集体利益发生矛盾时，应以集体利益为先，舍弃小群体利益。

**3. 忌不正当攀比**

同学之间相处，免不了攀比，关键看比什么，是比志气、比信心，还是比虚荣。如果是比思想进步、学习进步，这当然好；如果比物质，就不可取了。

**4. 忌说长道短**

同学之间相处要谨言慎行，在背地里说长道短是同学间最忌讳的事情。正确的做法是：自己不传、不说；听到别人说，要认真分析真伪，不要轻信及盲从。

**5. 忌说话伤人**

"良言一句三冬暖，恶语伤人六月寒"，要自觉培养尊重别人的能力，讲话应温文尔雅，讲究语言美，忌自以为是、出言不逊、恶语伤人。

**6. 忌不良效仿**

同学之间的交往如能互相促进双方的进步才是有益的往来。"近朱者赤，近墨者黑"，要善于交友，学会选择，真诚待人。

（三）男女同学交往注意事项

男女同学之间的相处，是中等职业学校学生交往不可缺少的内容。与异性同学交往是一门学问。

1）男同学应彬彬有礼，女同学应文雅大方，接触的地点要公开，举止、言谈要大方有礼，不要靠得太近，不宜过分亲昵，以免造成不必要的误会。

2）男女同学之间交往，不能互起绰号，不能讲粗话、脏话和庸俗的传闻，不能久久凝视对方，不能打打闹闹。

3）对异性同学的容貌、身材和衣着，不应评头论足；对异性同学的弱点、缺点，不可进行嘲讽，而应热心帮助。

4）男女同学之间要相互理解和尊重，要讲文明礼貌、自尊自爱；待人要不卑不亢、宽容大度。

人生中最纯真的友谊是在校园里结成的，人生中最诚挚的朋友也往往是自己的同学。所以，在学生时代一定要懂得体谅、尊重对方，相互关爱和帮助，珍惜同窗情谊。

## 做一做

### 精彩辩论赛——起绰号，好吗？

在校园生活中，总有一些同学喜欢给别人起绰号，个别同学交流几乎用绰号代替姓名。那么起绰号，好吗？全班同学分成正、反两方，请就自己对绰号的认识，展开一场精彩的辩论会。

## 明礼践行

1. 请你回顾与同学相处的美好时光，说说同学之间应该如何相处。试举生活中的具体事例与同学分享。

_____

_____

_____

2. 《同桌的你》《睡在我上铺的兄弟》曾风靡校园，唱出了校园时代纯真的同窗之谊。与同学相处的情景常常成为校园时光的最好风景，而学生时代收获的友情也往往是情比金坚，纯洁而又持久。请继续搜集校园歌曲，并开展一次校园歌曲金话筒比赛，比比哪个同学会成为今年的金话筒之星。

_____

_____

_____

# 第三节　校园公共礼仪

案例说礼

### "聪明"的李强

周一早上，因昨晚睡觉有点迟，闹钟响了三次，李强才勉强起来了。等他匆匆忙忙赶到学校门口时，早读铃声已响过 2 分钟了。他知道，学校的执勤岗在 5 分钟后撤岗，于是他在学校大门外躲了 10 分钟，等值周同学撤岗以后才进了学校，悄悄地溜回了教室……下课后，他向同学们炫耀起早上自己"聪明"的做法，并得意地说："我没有被值周同学抓到记下名字，所以也不会扣班级的分了。"

李强同学是真"聪明"吗？他的做法是对的还是错的？错在哪里？正确的做法和态度应该怎样呢？思考

_____

_____

学校是育人的公共场所，有人称它是"神圣的殿堂"。校内公共礼仪是学生在校内各公共场所学习、生活中应遵守的行为规范和准则。我们生活在学校这个大家庭中，应随时随地注意遵守礼仪。

## 一、进出学校的礼仪

学校门口是学校对外展示的窗口，是展示一个学校精神风貌的首要场所。因此，学生要注重进出学校的礼仪。

1）每天上学要穿戴整齐，佩戴好校牌，准备好当天的课本和学习用具，出门时要向家长说："再见！"路上遇到同学要打招呼相互问好。

2）按要求着装，端正洁净，显示出良好的精神状态。不能穿背心、拖鞋进校。骑车的同学将车停放在指定的停车地点后入校。

3）尊重学校门卫人员，听从门卫人员的指挥，服从门卫人员的管理。

4）遵守学校门禁制度，出入校门时，应自觉佩戴好校牌，对值日的老师、同学、门卫人员点头微笑致意，并接受检查。

5）进校时要严守纪律，不搂腰搭肩、嘻嘻哈哈，不互相追逐打闹、高声喧哗，不边吃边走，要向值勤的学生示意，大大方方地进入校园（图3-4）。

图 3-4　进校礼仪

6）如有特殊情况要离开学校，应主动出示由班主任、政教处老师审批的请假条，按规定时间出入学校。

7）出入校门和上下公交车，应自觉排队，按序出入，不争抢。

## 二、升旗礼仪

国旗是国家的象征和标志。热爱国旗、尊重国旗是爱国主义教育的重要内容。出席升旗仪式时，学生应有意识地对个人表现严加约束，尤其重视以下几点。

1）全体学生都必须准时参加每周一举行的升旗仪式，不得无故缺席，也不能迟到。

2）升国旗时，应自觉保持安静，神态庄重、严肃，停止走动、交谈，戴帽者应脱帽，唯有身着制服者可例外。

3）升国旗时，应唱国歌，唱国歌时态度要严肃，声音要整齐响亮，表达出爱国情怀和报国之志。

4）升国旗时要注意仪态。面向国旗立正，行注目礼；不能走动、说话、嬉闹，更不能接打电话。

5）若迟到时，恰逢升国旗、奏国歌，要立即停止走路并肃立，待升旗仪式完毕后方可继续行走。

6）认真聆听国旗下讲话，不得随便说话、议论。

7）升旗仪式结束后，各班同学要有序离开操场，不要拥挤，不得高声喧哗，更不得起哄、打闹。

8）升挂国旗应是早晨升起，傍晚落下（遇有恶劣天气，可以不升旗）。

9）不得升挂破损、污损、褪色或者不合规格的国旗。

### 三、课堂礼仪

课堂是学生学习的主要场所。规范的课堂礼仪，不仅有利于学生良好行为习惯和道德品质的养成，还有利于学生更好地学习科学文化知识和技能。

（一）课前准备充分

每个学生都应该懂得，课前做好充分准备是一种基本的礼貌，是对老师的尊重。

1）课前由值日生把黑板擦干净，整理好讲台，打开多媒体设备等。

2）上课不迟到，铃响前准备好课本、笔记本、文具等学习用品，整齐放在课桌左上角，端坐恭候老师。铃声停止后，每个同学必须在座位上静候老师上课，不能再走动、讲话、吃零食、倒水等。

3）上体育课、信息技术课、实训课前，必须在教室外走廊排成两列队伍，由班长和课代表带领学生有秩序地在铃响前到达目的地，保证正常上课。路上队伍整齐，不嬉笑打闹。

（二）师生问好

1）老师进教室时，全体学生应立即坐端正，向老师行注目礼，在班长的统一带领下起立，师生互相问候。待老师回礼后，安静、迅速坐好，动作要轻。

2）上课迟到的学生，应在教室门口喊"报告"，得到老师允许后进入教室，在走向座位时，脚步要轻，迅速坐好，尽量减少对课堂秩序的干扰。

3）下课铃响后，如果老师还没有宣布下课，仍要安静听讲。老师宣布下课，在班长的统一带领下起立，师生互相说再见。

（三）专心听讲

1）坐姿端正，头正、肩平、身直、足安。两上臂平叠放桌面，头部向前平视，不做小动作。

2）书写时，眼离书本一尺远，手离笔尖一寸远，胸离书桌一拳远；读书时，两手持书的下角，书斜立放于桌上。

3）养成会听讲的好习惯。课堂上认真听讲，对教学重点、难点和疑难问题，集中注意力听，不插嘴，不开小差。同学发言时，不议论。

4）养成会思考的好习惯。思维跟着老师走，围绕老师提出的问题，用自己所学及时回答老师和同学提出的问题，大胆质疑，从不同角度积极思考、解决问题。学习中遇到困难力争自己动脑筋解决。

5）养成会发言的好习惯。老师提问时，举手发言，经老师允许后立即起立站好，用普通话回答问题，声音洪亮、大方得体。同学答问时，要认真倾听、积极思考，待同学发言完后再补充。

6）养成会合作的好习惯。小组合作，听组长安排，按组长分工力求做好自己的事，小组交流声音大小控制在本组刚好能听清为宜。当同学向自己请教问题时，不应傲慢，态度应诚恳，语气谦和。

7）养成会记笔记的好习惯。边听边思考边记忆，可以一边听讲，一边在书上、卷子上做笔记。

8）养成会书写的好习惯。保持良好的书写姿势，书写正确、规范、工整、美观，做到提笔就是练字的好习惯。

9）养成专注学习的好习惯。课堂上认真听讲，专注学习。吃零食、喝饮料、听音乐、看课外书、睡觉、做小动作、玩手机、随便走动等行为都是不文明的。不擅自行动，杜绝讲话、疯闹、顶撞老师等扰乱课堂秩序和有安全隐患的行为，不做与教学内容无关的事。

（四）树立课堂安全的意识

实训课、体育课和课外活动等操作课前，认真倾听操作要求，认真观察操作示范，操作时动作规范，注意安全。

（五）保持教室整洁有序

自觉维护、保持学习场所的环境卫生，物品摆放有序；值日生应在下课后及时擦拭黑板、清洁讲台，准备迎接下一堂课的老师到来。

（六）早读课要自觉养成读书的好习惯

坐姿端正、声音洪亮、精神饱满，早读期间不得出现写作业、交作业、来回走动乱跑等现象。

（七）自修课要保持教室安静

不随便进出教室或离开座位，不做与学习无关的事情，不谈笑和大声讨论问题，不妨碍他人学习。

## 四、集会礼仪

校园集会，一般在操场或礼堂举行，由于参加人数众多，因此要格外注意礼仪规范。

1）学生参加活动集合时，要静、齐、快，不勾肩搭背，不随意谈笑，要提前到达集合地点，按指定位置站立或入座，以保证集会准时开始（图3-5）。

2）进入或离开会场要注意秩序，不一哄而上，不争抢，以免造成拥挤堵塞和意外事故。

图3-5 集会礼仪

3）进入会场要脱帽，坐姿端正，不能跷二郎腿，更不能勾肩搭背。尽量不要从座位上站起来或跳起来，以免挡住后面观众的视线。

4）当报告人或主持人到来时，会场应立即安静下来。当有精彩之处、每个节目结束时、当别人领奖时，应报以热烈的掌声，以示赞同、祝贺。报告结束时，也应报以长时间的热烈掌声，表示感谢。

5）集会中应注意遵守会场纪律，端坐静听，保持会场安静。不做喝倒彩、鼓倒掌、打口哨、交头接耳、打闹、起哄、打哈欠、打瞌睡、看书刊等与集会无关的事情。

6）要维护公共设施，保持会场整洁卫生，不吃东西，不乱扔纸巾，不乱扔瓜果皮核，不随地吐痰、吐口香糖，不在场内留下杂物，做文明观众。

7）颁奖典礼中，受奖者应整理仪表，稳步入场，面带微笑双手接奖，接奖后应致谢。

8）在集会结束离开会场时，应让领导、老师、客人先走，互相谦让；服从指挥，按秩序出场，不要拥挤，以防造成事故。

**读一读**

### 集会礼仪"三字经"

集会时，要快速，横竖排，排整齐。
下楼梯，不推挤，轻步走，靠右行。
升旗时，立正站，要肃静，脱掉帽。
唱国歌，口齿清，声音响，节奏准。
听报告，聚精神，看演出，要肃静。
不交头，不接耳，不走动，不打闹。
报告完，要鼓掌，精彩处，适度拍。
集会毕，按序退，结束后，看清洁。

## 五、实训场室礼仪

实训场室是职业学校所特有的对学生进行技能实训教学，以及学生技能实训练习的场所（图3-6）。由于实训场室里有些精密设备贵重，有些实训项目如果操作不当会容易发生事故，学生必须遵守实训场室礼仪，才能保证实训课达到最好的效果。

1）实训课前要预习，每位学生都应该知道实训的内容及目的，以提高实训课的教学质量。

2）上课前，按班集合、整队、点名，经老师安排后有序进入实训场室。

3）路上注意排好队伍，列队前进，注意纪律，不得自由散漫、打闹嬉笑、搂肩搭背、高声喧哗，注意维护班级的形象和精神面貌。

4）服饰穿着应符合实训操作要求，不得穿短裤、凉鞋、拖鞋、裙子等进入，女生长发应盘起或扎紧、戴帽，做好个人安全防护工作。有专业服装的应穿上本专业的职业服装，以便能更好地形成角色意识，达到更好的实训效果。

5）尊重、服从老师安排，认真听讲，仔细观察老师的示范操作，做好记录（图3-7）。不应在老师还没有讲解结束就急于动手，禁止在实训场室喧哗打闹、吃零食、喝饮料、使用手机等，这些都是在课上对老师不尊重、不礼貌的行为。

图3-6 实训场室

图3-7 仔细观察老师示范操作

6）按老师分配的任务操作，遵守实训工作各项规章，按实训室操作流程安全、按时完成实训任务，严格遵守安全操作规程，确保人身安全。

7）实训过程中，应小心操作，爱护实训工具、仪器、仪表，不在上面乱写、乱画、乱刻，如有损坏、丢失，应主动照价赔偿。

8）维护实训场室教学环境，不乱丢纸屑、不随地吐痰，确保实训场地环境的整洁美观。

9）要做好实训室的清洁整理工作，完成实训作业与实训报告，并按时上交实训老师审批。

10）实训课结束后，要清点归还实训设备，打扫实训场所，切断电源，关好门窗。

## 六、图书馆礼仪

孔子曰："质胜文则野，文胜质则史。文质彬彬，然后君子。"图书馆是智慧的宝库，是同学们查阅资料、借阅图书、自修学习的地方，与教室一样，也是知识的殿堂。与其他的公共场所有所不同，它为我们提供的是知识服务。因此，要求学生在获取知识的同时，也应遵守图书馆的规章制度和礼仪规范，以保证学习环境的严肃与庄重。

（一）安静

学生在图书馆中要保持安静，不得大声喧哗，并将手机及其他电子产品调整为静音，在馆内不应拨打、接听手机，不应做与学习无关的事情。

进入图书馆走路要轻，入座、起座要轻，翻看书刊要轻。在图书馆要尽量少说话，遇到朋友应以点头、微笑的方式打招呼。如果确实需要与他人交换意见，应简明快速、附耳低语，较长时间的讨论应到室外。

（二）洁净

**1. 注重个人仪表的整洁**

图书馆是公共场所，学生应注意自己的仪表礼仪，塑造自己的最佳形象。保持面容清洁，头发梳理整齐，给人留下生机勃勃、精神饱满的好印象。保持双手的干净，没有油腻污渍，这样才不至于在翻书时把书弄脏。着装整洁得体，每个纽扣都要扣好，不要披衣散扣，不要穿拖鞋、短裤入馆。

**2. 保持馆内环境的干净**

图书馆是全校师生共同学习的场所，学生到图书馆要讲究卫生、保持整洁。雨天进图书馆时，应注意把雨具放在指定地点，还要把鞋底的泥水弄干净，以免溅到他人身上或把图书馆的地面弄脏。

在图书馆阅读时，不乱扔纸屑，不随地吐痰，不大声咳嗽，保持馆内卫生，不在馆内吃东西。在图书馆内边看书边吃东西，不仅影响他人阅读，破坏学习气氛，还易弄脏图书。

爱护图书馆里的公共财物和书刊资料，不摇动桌椅，不在桌台上乱刻乱画，不在书刊上乱涂乱画、撕页、污损或带走书刊。离馆时，要把书刊放回原处，把桌椅复归到原位。自己的纸笔要记着带走，借出的图书读完后要及时归还。

（三）雅敬

雅指的是自我举止文雅；敬指的是对人恭敬礼让。进入图书馆着装要斯文，应讲究个人卫生，在阅读室内打喷嚏、打嗝、咳嗽、打哈欠时都要有节制，应事先道歉，捂上嘴转身进行。

进入图书馆，应自觉排队。借还图书时，应双手将书递到工作人员手中，并注意使用"您好""请""谢谢"等礼貌用语。如果借还书的人很多，要耐心排队等待。图书馆为公共场所，应礼貌占座，有空位皆可坐，但要坐在他人旁边的空位时，应有礼貌地询问旁边是否有人。

## 七、食堂就餐礼仪

《礼记》中记述了孔子的话"夫礼之初，始诸饮食"，就是说饮食礼仪是一切礼仪制度的基础。学校食堂是学生在校生活的重要场所，也是学校精神文明建设的重要窗口。学校食堂就餐人数多，就餐时间集中，学生应注意就餐礼仪（图3-8），体现新时代中等职业学校学生良好的道德修养和精神面貌。

1）所有在校就餐的学生要按规定时间准时进食堂就餐，不得私自到校外就餐，如有特殊情况不去食堂就餐，须向班主任或值班老师说明。

2）有序进入餐厅就餐，途中不得奔跑，不得争抢、你挤我推，不得插队。

3）进餐厅后到指定的窗口自觉排队，不插队，按指定的餐桌就餐，不能抢占别人的位置，要互相谦让，关心照顾同学。

4）同学之间不争抢饭菜，不能私自到别人的碗里夹菜，也不能将自己不喜欢吃的菜随便夹给别人。

5）就餐时保持安静，文明就餐，不得大声喧哗、打闹或敲打碗筷，不得随便离开座位，随意奔跑走动，应注意安全，防止相互碰撞而烫伤。

6）就餐时要细嚼慢咽，有助消化。吃相文雅从容，吃菜喝汤尽量不要发出声音。不能东张西望拖延时间，也不要含饭说话，以免发生意外。

7）珍惜粮食，不挑食，不厌食，添饭时按需取用，不要浪费，提倡光盘行动，吃完后自觉将碗、盘子等放于回收处（图3-9）。

图3-8　文明就餐

图3-9　餐具回收

## 光 盘 行 动

有一种节约叫光盘，有一种公益叫光盘，有一种习惯叫光盘。光盘行动是2013年1月初开始的、公众自主发起的一项主题为"从我做起，今天不剩饭"的公益活动，通过微博宣传、网上晒吃光后的餐具、发放宣传单、张贴海报等形式，倡议人们厉行节约，反对浪费，在饭店就餐后打包剩饭，"光盘"离开，形成人人节约粮食的好风气。同学们，让我们行动起来，让光盘行动伴随着我们的生活。

8）同学们正值长身体的关键时期，一定要保证一日三餐，不能饥一顿饱一顿。

9）保持食堂卫生，不准随地吐痰、乱扔杂物，不准在餐厅里吃零食，不准将饭菜掉在桌上或是泼洒到地上，不准随意倒掉剩饭剩菜。

10）爱护食堂公物，不准在墙上、餐桌上乱刻乱写；不准损坏食堂的餐具和设施；不得随意挪动桌子及其他设施。

11）尊重工作人员的劳动，适时对他们为大家提供服务表示感谢，如果对食堂工作人员有意见，须通过老师向其提出，禁止与食堂工作人员发生争执。

12）就餐完毕按秩序走回教室休息或在操场上轻度活动，在饭后半小时内不能跑、跳或进行剧烈运动，以保证身体健康。

**读一读**

### 饮食健康小常识

1）注意营养平衡。在日常饮食中要吃各种粮食、水果、蔬菜、鱼、肉、蛋、奶等，不要偏食。

2）一日三餐，按时进餐。有规律的每日三餐对学生来说非常重要。按中国人传统的膳食习惯每日进餐分为三次，并且有"早餐吃好，午餐吃饱，晚餐吃少"的说法，即把人体一日内需要的热量和营养素合理地分配到一日三餐中去。学生每天有大量能量消耗，要非常注意营养的补充。因此，必须保证一日三餐按时进食。

3）不偏食、不挑食、不暴饮暴食。偏食、挑食会造成身体内某些营养物质的缺乏而影响健康。有的学生遇到好吃好喝的，不注意节制饮食，暴饮暴食，这样就会引起胃肠功能的紊乱，严重的还会引起急性胃肠炎等疾病。因此，要纠正偏食、挑食和暴饮暴食等不良习惯。

4）养成按正确顺序进餐的习惯，科学的进餐顺序为：汤—菜—饭。

5）愉快进食。进餐时做到思想集中、精神愉快，愉快进食可以提高食物的消化速度。

6）不过量饮食。吃得过多会伤胃，同时降低了消化吸收速度。

7）定时定量。这样可使消化系统有规律地活动，促进消化吸收率的提高。

## 八、宿舍礼仪

宿舍是学生共同生活的场所，除了上课之外，学生的大部分时间是在宿舍里度过的。因此，这里的生活环境如何，直接影响同学之间的人际关系及学习状况。宿舍是学生共同的家，也是反映学生精神文明和礼仪修养的一个窗口，一定要格外重视。

### 1. 保持宿舍整洁卫生

要共同保持宿舍内外整洁，及时打扫卫生、清理垃圾，积极营造良好的生活环境（图 3-10）。床上用品保持干净整洁，经常晾晒被褥，水杯、热水瓶、脸盆等要统一整齐地放于规定位置，换下的脏衣服、脏鞋袜等要及时洗干净。个人书籍及其他日用品应放置于个人橱柜内，不要乱丢乱放，以免影响他人。

图 3-10　保持宿舍整洁卫生

### 2. 养成良好生活习惯

养成良好的生活习惯，制定规律的作息时间表，早睡早起，加强锻炼。舍友休息时尽量不要发出声响，接打电话注意音量，收听或收看音视频节目等应戴耳机。自觉遵守生活秩序，不在宿舍和楼道内大声喧哗、打闹，不开展任何影响作息的体育运动和娱乐活动。

### 3. 爱护宿舍公共财物

爱护宿舍公共财物，不在宿舍和楼道内的墙壁上乱写、乱画、乱钉。不向窗外、走廊泼水，不乱扔果皮、纸屑等杂物，不往水池、便池内倒剩菜剩饭。养成节约水电的好习惯，离开宿舍时应随手关闭水龙头和照明设备。注意宿舍安全，不使用违禁电器，不存放危险物品，做好防火、防盗、防事故的应急处理准备。

### 4. 团结互助，和睦相处

舍友之间应团结友爱、互相帮助、和睦相处，对有困难和生病的舍友要多关心照顾。舍友之间有了小矛盾，要互谅互让，严于律己，宽以待人。宿舍内交流或开玩笑时要把握好分寸，关心也应有限度，要尊重他人隐私，不过分热心于别人私事。

### 5. 拜访他人，非请莫入

拜访他人，进入宿舍前要先敲门，经允许再进入。应同学邀约拜访，进门前也应征得宿舍内其他同学允许。进门后，要主动打招呼，不能随处乱坐，不能乱用、乱翻他人物品。不能坐得太久，以免影响其他人的正常作息。

**议一议**

宿舍是同学们共同的家，让我们动起手来，把我们的家打扮得更漂亮吧！班级组织一次"最美宿舍"评比活动，评选出"最佳男生宿舍"和"最美女生宿舍"。

### 九、观看体育比赛、演出礼仪

#### （一）观看体育比赛礼仪

为丰富学校的校园文化生活，学校往往会举办各种全校性的活动，如校运动会

图3-11　校运动会

（图3-11）、拔河比赛、文艺汇演、技能周活动等。在观看体育比赛时，作为一名文明观众，学生应遵循以下礼仪规范。

1）服饰得体，提前入场就座于指定位置，为本班的参赛同学鼓舞士气。

2）比赛开始后，专心观看比赛，尊重他人，不得中途退场。

3）同班同学要齐心协力，为本班参赛队员加油喝彩，体现班级的集体荣誉感。

4）当比赛到高潮时，要报以热烈的掌声来鼓励喝彩，但要控制情绪，不能失礼而忘乎所以、大喊大叫、吹口哨等。

5）对于兄弟班级的同学要相互尊重，相互理解，相互为对方参赛同学加油、鼓劲，不要给对方的参赛同学鼓倒掌、起哄。

6）如果本班队员失利，要面对现实，保持冷静。要安慰本班队员，继续鼓励他们，不说泄气话埋怨他人，也不应该恶语伤人，迁怒于对方队员和裁判员。

7）要文明观看比赛，重视自己的言行举止，讲究卫生，不乱扔饮料瓶、纸巾、零食袋等，保持场地卫生整洁。

8）在比赛过程中，一定要牢记"重在参与""友谊第一，比赛第二"，为整个比赛增添蓬勃的气氛。

9）比赛结束要掌声感谢所有运动员，并做到人走场净，有序退场。

#### （二）观看演出礼仪

在学校观看文艺演出，应遵循礼仪规范，言行举止文明。这既是对自己的尊重，也是对其他观众的尊重，更是对演出本身和全体演员的尊重。

##### 1. 着装整洁大方

观看演出时，对于着装的基本要求是干净、整洁、端庄、文明、大方。绝对不能穿背心、短裤、拖鞋，更不能打赤膊。

##### 2. 服从安排、礼貌入场

一般提前15分钟进场，对号就座（或指定位置就座）；如果迟到，应先就近入座，或在外厅等候，等到幕间休息时再入场；如果入座时打扰了他人，应表示歉意。如果戴着帽子应摘下，以免影响后排观众。

## 3. 保持安静

观看演出时，不大声说话或交头接耳；不随便走动；将手机关闭或调成静音状态，不在场内接听电话；不吃零食。

## 4. 注重环境卫生

场内不得大吃大喝；不得吸烟；不得乱扔废物。

## 5. 适时、适度鼓掌

一个节目结束后，应热烈鼓掌，以示对演员的精彩表演而喝彩和支持。但鼓掌一定要有分寸，不要在演出期间频频鼓掌，甚至掌声经久不息。不允许因对某些演员或节目不欣赏、演出时出现故障或其他特殊情况，而对演员喝倒彩、鼓倒掌，更不允许在演出时起哄、闹事。

## 6. 听从指挥、有序退场

一般不应中途退场。演出全部结束后，热烈鼓掌；若演员出场谢幕，应再次鼓掌；谢幕结束后，有序退场。如遇嘉宾上台接见演员，应在接见仪式结束后再退场。

## 明礼践行

1. 学习了校园礼仪知识，结合本校校纪校规，请同学们自查在校园各公共场所中，还有哪些言行举止不符合礼仪规范？请自行记录下来，逐一进行改进。

_____

_____

_____

2. 尊敬师长，是中华民族的优良传统美德。请同学们收集五句以上有关尊师的格言警句，同学之间交流学习，并把尊师具体落实到行动中，让每个同学都成为尊敬师长的文明使者。

_____

_____

_____

# ●●●● 本 章 小 结 ●●●●

　　"恰同学少年，风华正茂"，校园是学生成长的场所，是广大学子学习、掌握校园礼仪规范和行为准则的地方，也是展现个人品德修养、展示个人魅力的重要舞台，更是学生认识和遵守社会礼仪规范的重要练兵场。校园礼仪的习得和实践是一个人完成从学生到社会人的重要步骤。

# ●●●● ◆ 知 识 乐 园 ◆ ●●●●

第三章知识乐园答案

## 一、单项选择题

　　1. 以下不属于慰问语的是_____。
　　　　A. 您辛苦了　　　　　　　　　　　　B. 让您受累了
　　　　C. 给您添麻烦了　　　　　　　　　　D. 您好

　　2. 相互尊重是处理好同学关系的基础。尊重同学首先应该_____。
　　　　A. 尊重他人的人格　　　　　　　　　B. 尊重他人的兴趣爱好
　　　　C. 尊重他人的生活习惯　　　　　　　D. 尊重他人的服饰穿着

　　3. "海纳百川，有容乃大"，就是要求我们学会_____，善于原谅。
　　　　A. 相互尊重　　　B. 诚信友善　　　C. 理解宽容　　　D. 礼貌相待

　　4. 《礼记》里有一句话："夫礼之初，始诸饮食。"这句话是说_____是一切礼仪制度的基础。
　　　　A. 个人礼仪　　　B. 饮食礼仪　　　C. 生活礼仪　　　D. 社交礼仪

　　5. 就餐时应养成按正确顺序进餐的习惯。科学的进餐顺序为_____。
　　　　A. 菜—饭—汤　　　　　　　　　　　B. 菜—汤—饭
　　　　C. 汤—饭—菜　　　　　　　　　　　D. 汤—菜—饭

## 二、多项选择题

　　1. 以下符合中等职业学校学生仪容仪表礼仪规范的有_____。
　　　　A. 保持面部清洁，坚持早晚洗脸、刷牙
　　　　B. 勤洗手洗澡，身上不留异味
　　　　C. 在校学习期间，可以穿校服，也可以穿自己的衣服
　　　　D. 头发要清洁整齐，没有头皮屑

2．符合图书馆礼仪的有_____。

　　A．安静　　　　　B．洁净　　　　　C．雅敬　　　　　D．微笑

3．以下对课堂礼仪叙述正确的有_____。

　　A．头正、肩平、身直、足安

　　B．书写时，眼离书本一尺远，手离笔尖一拳远，胸离书桌一寸远

　　C．课堂上认真听讲，对教学重点、难点和疑难问题，集中注意力听，不开小差

　　D．老师提问时，举手发言，经允许后起立，用普通话回答问题，声音洪亮，大方得体

4．以下属于宿舍礼仪的行为规范的有_____。

　　A．保持宿舍整洁卫生　　　　　B．养成良好学习习惯

　　C．节约水电注意安全　　　　　D．团结互助和睦相处

5．出席升旗仪式时，学生应有意识地约束自己，尤其应重视_____。

　　A．肃立致敬　　　　B．神态庄严　　　　C．保持安静　　　　D．行注目礼

## 三、判断题

1．中学生应养成良好的卫生习惯，做到"六勤"，即勤洗澡、勤换衣裤、勤修面、勤理发、勤洗手、勤剪指甲。　　　　　　　　　　　　　　　　　　　（　　　）

2．学生服饰穿着的基本要求是合体、合适、整洁、大方，讲究场合。　（　　　）

3．观看文艺汇演，一般提前 30 分钟进场。　　　　　　　　　　　　（　　　）

4．就餐时，同学们应该细嚼慢咽，可以相互聊天，以减慢就餐速度，有助于食物的消化。　　　　　　　　　　　　　　　　　　　　　　　　　　　（　　　）

5．学生上实训课时应遵守实训工作各项规章，按实训室操作流程安全、按时完成实训任务。　　　　　　　　　　　　　　　　　　　　　　　　　　（　　　）

## 四、简答题

1．剧作家萧伯纳说过："你有一个苹果，我有一个苹果，互相交换，各自得到一个苹果；你有一种思想，我有一种思想，互相交换，各自得到两种思想。"由此可见沟通的重要性。那么同学之间交往应遵循哪些原则？

2．升旗时，学生应重视哪些升旗礼仪？

3．观看体育比赛时，学生应遵守哪些礼仪？

## 五、案例分析题

在某中等职业学校课堂上，老师正在台上讲得眉飞色舞，突然学生之间传出了"汪、汪、汪"的狗叫声，老师惊诧地问："谁带小狗上课了？"同学们哄堂大笑："老师，这是最新的手机铃声。"

思考：

1．这位同学的行为是否尊重老师？你认为在平时的生活中如何尊重老师呢？
2．在本案例中，学生有哪些行为是不符合校园礼仪规范的？

## ●●●活 动 项 目●●●

**活动主题**：小测试——看看你和同学间的关系如何

**活动工具**：测试题、笔

**活动地点**：教室

**活动内容**：同学们在校园里朝夕相处，应以礼相待，和睦相处，珍惜彼此。那么你跟同学关系好吗？你在同学之间受欢迎吗？请你认真阅读以下测试题，写下你的选项，根据相对应的分数计算，测测你在同学中的受欢迎程度。

1．你最近一次和同学交朋友，是因为（　　）。

　　A．你认为不得不交朋友

　　B．他们喜欢你

　　C．你发现这些朋友令人高兴、愉快

2．当你度假时，你（　　）。

　　A．希望交到朋友，可是往往很难做到

　　B．喜欢独自一个人消磨时间

　　C．通常很容易就交到了朋友

3．你已经定下了和几个以前同学的约会，可是却因为繁多的作业而疲惫不堪，无法赴约，你的选择是（　　）。

　　A．不赴约了，希望对方会谅解你

　　B．去赴约，但询问对方如果你早些回家的话，他们是否会介意

　　C．去赴约，并尽量显得高兴

4．一个同学向你倾吐了一件极有兴趣的个人问题，你常常（　　）。

　　A．连考虑都没考虑，就把这件事告诉了别人

　　B．根据情况决定是否要告诉别人

　　C．为同学保密，不把这件事告诉别人

5．当你的同学有困难时，你发现（　　）。

　　A．他们不愿意来麻烦你

　　B．只有与你关系密切的少数朋友才来向你求助

　　C．他们愿意来找你请求帮助

6．对于同学的优缺点，你的处理方法是（　　　）。

　　A．我相信真诚，所以对于我看不惯的缺点，我不得不指出

　　B．我喜欢赞扬别人的优点，缺点则尽量回避

　　C．我既不吹捧奉承，也不求全苛责他们

7．在你选择朋友时，你发现（　　　）。

　　A．你只能和你趣味相同的人友好相处

　　B．兴趣爱好不相同的人偶尔也能相处

　　C．一般说来，你能和大部分人成为朋友

8．对于同学们的恶作剧，你会（　　　）。

　　A．感到生气并发怒

　　B．看你的心情和环境如何，也许和他们一起大笑，也许生气并发怒

　　C．和他们一起大笑

9．对于同学之间的矛盾，你（　　　）。

　　A．打听、传播　　　　B．不介入　　　　　　C．设法缓和

10．每天放学以后，对于扫地、打水之类的琐事，你的态度是（　　　）。

　　A．想不到做　　　　　B．轮流做　　　　　　C．主动做

对于每道题，答 A 得 1 分，答 B 得 2 分，答 C 得 3 分。算算你自己的分数，看看你和同学的关系到底怎么样？

计分标准：

1）分数在 15 分以下：你是一个不大合群的人，如果你确实想把自己的人缘搞好一点，你就需要改善一下你同周围同学的关系了。

2）分数在 15～25 分：你和同学的关系还算可以，但还需要做适当的调整。

3）分数在 25 分以上：你的人缘很好。

## 第四章

# 以礼相待——构建温馨家庭

**名人名言**

家庭是学习举止礼貌的好场所。如果你的孩子成人后拥有良好的举止，这将会使他们的生活更加惬意舒适。

——索菲娅·罗兰

**知识导航** ●●● 🔍

**知识目标** 了解家庭礼仪内涵；了解家庭成员间的礼仪、家庭仪式礼仪及邻里之间的礼仪规范；了解待客和做客的礼仪规范。

**技能目标** 能够在家庭生活中用所学的礼仪知识指导自己的行为；学会正确的待客和做客之道。

**素养目标** 认识到在家庭生活中遵守礼仪规范的重要性，并逐步养成良好的生活礼仪习惯。

# 第一节 家庭成员间的礼仪

**案例说礼**

## 孔 融 让 梨

孔融，鲁国（今山东曲阜）人，是东汉末年著名的文学家，建安七子之一，他的文学创作深受魏文帝曹丕的推崇。据史书记载，孔融幼时不但非常聪明，而且还是一个注重兄弟之礼、互助友爱的典型。

孔融四岁的时候，常常和哥哥一块吃梨，每次孔融总是拿一个最小的梨子。有一次，其父亲看见了，问道："你为什么总是拿小的而不拿大的呢？"孔融说："我是弟弟，年龄最小，应该吃小的，大的还是让给哥哥吃吧！"

孔融小小年纪就懂得兄弟姐妹相互礼让、相互帮助、团结友爱的道理，使全家人都感到很惊喜。从此，孔融让梨的故事流传千载。

**思考** 孔融让梨表现出怎样的美德？对你有什么启示？

_____

《孟子》里说："教以人伦：父子有亲，君臣有义，夫妇有别，长幼有序，朋友有信。"自古以来，家庭生活和家庭礼仪形影相随。家庭礼仪是整个社会礼仪的基本组成要素，是维持家庭生存和实现家庭幸福的基础，在现代社会生活中发挥着重要的作用。

**做一做**

### 家庭里需要礼仪吗？

观点一：有人说，礼仪是公共场合的规范，而家庭是身体的休憩室，是心灵的避风港，是一个让我们可以无拘无束展示真性情的地方，所以家庭里无须礼仪。

观点二：礼仪是润滑剂，家庭也要讲究礼仪，家庭礼仪使家庭更幸福！

请就以上两种观点，说说你的想法和理由。

_____

_____

## 一、家庭礼仪概述

家庭礼仪是生活中的必要礼仪，是指人们在长期的家庭生活中，用以沟通思想、交流信息、联络感情而逐渐形成的约定俗成的行为准则和礼节、仪式的总称。

**1. 家庭礼仪的核心是尊重**

孔子说："礼者，敬人也。"意思是说，礼的本质是尊重他人。在家庭中，家人的关系不仅靠血缘的自然维系，而且更多的是依靠家庭成员之间的相互尊重与敬意。家庭礼仪的核心在于对家人、对家事、对家庭怀有尊敬之心，能够互敬互爱、敬老孝亲。一方面是小辈要对长辈尊敬、儿女对父母要敬重，另一方面则是父母要尊重儿女的生活与选择，长辈要尊重小辈的兴趣与爱好等。另外，尊重和敬意需要持之以恒，不是一时一事上的短暂敬重，需要家庭个体在行为上时刻自我约束，赢得家人的敬重。

**2. 家庭礼仪体现于日常生活中**

在现代生活中，家庭礼仪已经涉及家庭生活的方方面面，它已不再是繁文缛节，而是更加生活化、细节化。例如，尊敬老人，不再是给老人跪拜磕头，而在于平时生活中更多的陪伴和关心；孝敬父母，不在于给父母买多少高档的衣服和好吃的食物，而在于好好学习，常回家看看，多陪陪父母，多做做家务分担父母的辛劳；等等。在生活中，不苛求处处都能够严格遵守礼仪的行为规范，不强求每个人在家庭中都做礼仪的楷模与榜样，但要做一个有强烈的礼仪意识、懂得感恩的人，把礼仪融入家庭生活中，体现礼仪给家庭成员带来的和谐与信任。

**3. 家庭礼仪有利于营造温馨的家庭氛围**

家和万事兴。在中国的传统文化背景下，家庭不仅是人们吃、喝、住的场所，同时是有着丰富伦理内容的情感港湾。在家中注重礼仪，有助于营造良好的家庭气氛，使人感受到家庭的幸福和温馨。例如，家人相处彬彬有礼，互相尊重，及时沟通，彼此包容；常怀感激之情，常挂会心微笑，不吝啬"请""谢谢""对不起"等用语；分工合作，共同承担家务；尊重家人的人格、性格、兴趣和爱好，包容对方；孝敬老人，言传身教，跟孩子沟通有礼有节等。反之，很容易引起矛盾和摩擦，久而久之，影响相互之间的感情，造成家庭矛盾。

**读一读**

### 《傅雷家书》精彩摘抄

初中时，大家都读过《傅雷家书》，知道傅雷是一位严厉尽责的父亲，不论是对他的翻译作品，还是对家庭的教育，都有着一种寓情于理的生活教子之道。读着《傅雷家书》，走进娓娓道来的故事当中，汲取父母与孩子间相处的智慧。

1）亲爱的孩子，你走后第二天，就想写信，怕你嫌烦，也就罢了。可是没一天不想着你，每天清晨六七点钟就醒，翻来覆去地睡不着，也说不出为什么。好像克里斯朵夫的母亲独自守在家里，想起孩子童年一幕幕的形象一样，我和你妈妈老是想着你二三岁到六七岁间的小故事。

2）在饭桌上，两手不拿刀叉时，也要平放在桌面上，不能放在桌下，搁在自己腿上或膝盖上。你只要留心别的有教养的青年就可知道。刀叉尤其不要掉在盘下，叮叮当当的！

3）你考虑这么多细节的时候，必须心平气和，精神上很镇静，切勿烦躁，也切勿焦急。有问题终得想法解决，不要怕用脑筋。我历次写信给你，总是非常冷静、非常客观的。唯有冷静与客观，终能想出最好的办法。

4）你在国外求学，"厉行节约"四字也应该竭力做到。我们的家用，从上月起开始每周做决算，拿来与预算核对，看看有否超过？若有，要研究原因，下周内就得设法防止了。

5）真诚是需要长时期从小培养的。社会上，家庭里，太多的教训使我们不敢真诚，真诚是需要很大的勇气做后盾的。所以做艺术家先要学做人。艺术家一定要比别人更真诚，更敏感，更勇敢，更坚忍，总而言之，要比任何人都 less imperfect（较少不完美之处）！

6）一个人唯有敢于正视现实，正视错误，用理智分析，彻底感悟，才不至于被回忆侵蚀。

## 二、家庭称谓礼仪

家庭称谓是指家庭成员之间历史上形成了传统的亲族传承关系，互相之间根据辈分逐渐沿袭而固定成各种不同的称谓。称谓礼仪具有很强的礼貌性和规范性。在亲属之间的实际交往中，首先要把称谓搞清楚，如果连对方怎么称呼都不知道，这是很不礼貌的表现。我们不仅要知道怎么称呼，而且要了解称呼礼仪的细节，在细节处维护好家庭成员的关系。

（一）家庭称呼要合常规

按照我国的传统习惯，现代生活中常用的称谓通常如下。

**1. 对父系长辈的称谓**

对父系长辈的称谓如表 4-1 所示。

表 4-1　对父系长辈的称谓

| 称呼对象 | 称呼 | 自称 |
|---|---|---|
| 父亲的祖父 | 曾祖父（老爷爷） | 曾孙、曾孙女 |
| 父亲的祖母 | 曾祖母（老奶奶） | |
| 父亲的父亲 | 祖父（爷爷） | 孙子、孙女 |
| 父亲的母亲 | 祖母（奶奶） | |
| 父亲的哥哥 | 伯父（伯伯、大伯、大爷） | 侄儿、侄女 |
| 父亲的嫂嫂 | 伯母（大妈、大娘） | |
| 父亲的弟弟 | 叔父（叔叔、小叔） | 侄儿、侄女 |
| 父亲的弟媳 | 叔母（婶婶、婶娘、婶子） | |
| 父亲的姐妹 | 姑母（姑姑、姑妈） | 内侄、内侄女 |
| 父亲的姐夫、妹夫 | 姑父（姑丈） | |

**2. 对母系长辈的称谓**

对母系长辈的称谓如表 4-2 所示。

表 4-2　对母系长辈的称谓

| 称呼对象 | 称呼 | 自称 |
|---|---|---|
| 母亲的祖父 | 外曾祖 | 外曾孙、外曾孙女 |
| 母亲的祖母 | 外曾祖母 | |
| 母亲的父亲 | 外祖父（外公、姥爷） | 外孙、外孙女 |
| 母亲的母亲 | 外祖母（外婆、姥姥） | |
| 母亲的兄弟 | 舅父（舅舅、母舅） | （外）甥、（外）甥女 |
| 母亲的嫂嫂、弟妇 | 舅母（舅妈、妗妗） | |
| 母亲的姐妹 | 姨母（姨姨、姨妈） | （外）甥、（外）甥女 |
| 母亲的姐夫、妹夫 | 姨夫（姨丈） | |

**3. 对平辈的称谓**

对平辈的称谓如表 4-3 所示。

表 4-3 对平辈的称谓

| 称呼对象 | 称呼 | 自称 |
|---|---|---|
| 兄长 | 哥哥（兄） | 弟、妹 |
| 兄长的妻子 | 嫂子（嫂嫂） | 弟、妹 |
| 弟弟 | 弟弟（弟） | 兄、姐 |
| 弟弟的妻子 | 弟妹（弟媳、弟妇） | 兄、姐 |
| 姐姐 | 姐姐 | 弟、妹（内弟、妹） |
| 姐夫 | 姐夫（姐丈） | 弟、妹（内弟、妹） |
| 妹妹 | 妹妹 | 兄、姐（内兄、姐） |
| 妹夫 | 妹夫（妹丈） | 兄、姐（内兄、姐） |
| 伯、叔父的儿子 | 堂兄或堂弟 | 堂兄、堂弟 |
| 伯、叔父的女儿 | 堂姐或堂妹 | 堂姐、堂妹 |
| 姑、舅、姨的儿子 | 表兄或表弟 | 表兄、表弟 |
| 姑、舅、姨的女儿 | 表姐或表妹 | 表姐、表妹 |

**（二）熟知表达尊敬的特例**

在与亲属的称呼中，有时为了表达尊敬之意，可以根据不同情况采用谦称或敬称。敬称是尊人，谦称是抑己，也是为了表达对别人的尊重。目前，仍在使用的古人谦称词有"鄙人""在下""愚"等。

对于辈分比自己高的亲属，称呼时可在称呼前加"家"字，如"家父""家母""家兄"等；对于辈分比自己低，或年纪小的亲属，可在称呼前加"舍"字，如"舍弟""舍妹""舍侄"等，或在其名字前加上"小"字，也可直呼其名，或使用其爱称、小名，不论何种称呼均可。

对他人家属的称呼，应采用敬称。对长辈，应在称呼前加"尊"字，如"尊母""尊兄"等；对平辈或晚辈，应在称呼前加"贤"字，如"贤弟""贤妹"等，在亲属的称呼前加"令"字，一般不分辈分与长幼，如"令堂""令尊""令爱""令郎"等。值得注意的是，"愚兄"是一种表示自谦的客气语。

随着生活的演变，亲属间的相互称呼已逐渐趋于简单化，过去那种复杂的称谓正慢慢地消失。

**（三）家庭称呼注意事项**

在家里虽然没有必要像在社会上那样注重礼节，成员之间的称呼也可以随意一些，但是还是要注意一些基本的礼仪规范。

1. 不能乱称呼

有的子女由于父母娇惯，不称呼自己的父母为"爸爸""妈妈"，而是常称呼父母为"老爷子""老头子""老太太""老太婆"，甚至直呼父母的姓名，在他人看来，这是不尊重父母的表现。

2. 称呼要适度

家庭称呼既要讲究文明礼貌，又要生动活泼，不能把家庭成员之间的关系同志化、朋友化。因此，家庭成员间通常用爱称或戏称，体现出成员之间亲密无间的关系。例如，"老大""一把手""内当家""财政部部长""宝宝"等，充满着亲切感，增进家庭成员之间的感情，体现出家庭的温暖、融洽。但有的家庭成员不管对方接不接受，不分地点、场合，一律称呼爱称、戏称，这是不合适的。

3. 不要不称呼

有的人性格腼腆，或由于其他原因，见到自己的公婆或岳父母，什么也不称呼，只一笑了事。有的夫妻不称呼对方的姓名，只一味地喊"嘿""喂""哎"。长期对长辈不称呼，很容易引起老人的误解。夫妻双方不称呼也会显得不够尊重。

4. 称呼不粗俗

粗俗的称呼通常发生在家庭成员间产生矛盾时。有些父母在训斥孩子时，语言粗俗；有些孩子跟父母说话时，不够尊重。严重时，双方会搬出最难听、最野蛮的字词来称呼对方。这种粗俗的称呼，必定使矛盾火上浇油，破坏家庭成员之间的感情，造成不应有的家庭矛盾。

## 三、家庭成员间礼仪

现代年轻人与父母长辈在生活方式、价值观念、兴趣爱好、时尚风貌等方面常常有着不同的见解。那么如何与父母和谐相处，如何与兄弟姐妹和睦相处，是每个人都应关心和关注的现实问题。

（一）父母子女相处的礼仪

1. 父母与子女相处的礼仪

家庭教育中流传着一句话："家庭是复印机，父母是原件，孩子是复印件。"父母的文化素养、性格爱好，言行举止都会深深地烙印在孩子的心底，对子女成长有着相当大的影响。在人生舞台上，父母如何演好自己的角色呢？

（1）父母要发挥言传身教的作用

父母是孩子的第一任老师。父母的言行举止，往往对子女起着潜移默化的作用。孩子身上总刻有父母影响的痕迹，他们对父母的一言一行、一举一动都看在眼里，记在心中，甚至加以模仿。在日常生活中，父母应说话算数，任何时候都不要对孩子撒谎，许诺孩子的事，要尽量兑现。同时，夫妻关系应融洽，家庭气氛应和谐，不当着孩子的面吵架，不乱发脾气，不随手乱丢东西，孝敬老人等，做好子女成长过程中的楷模。

（2）教育子女要掌握方法，宽严相济，教子有道

创造良好的家庭环境，并不排除父母对子女的批评教育，但要讲究方式方法，要循循善诱、启发引导，少批评、训斥和唠叨。尽量不要当着外人的面批评子女，否则会使子女觉得在众人面前丢了面子。父母平时应注意观察和表扬子女的优点，多鼓励孩子，不要用"别人家的好孩子"来衡量自己的孩子。

（3）父母与子女之间应保持一种亲密无间的关系

不要找任何借口忽视、疏远孩子，要挤时间和孩子在一起；要相互了解、相互理解；要提高家庭透明度、把问题公开化，使子女了解家庭的情况，让子女感受到尽管他是孩子，但也是家庭一员，使他从小树立起对家庭的责任感；使孩子养成一种意识——父母是自己最亲密的伙伴，家是自己栖息的港湾。

（4）父母对子女要一视同仁、不偏不倚

俗话说："手心手背都是肉。"任何一个孩子都是父母的宝贝，父母对子女应一视同仁，对每个孩子都给予相同的爱，让他们在充满爱的家庭氛围中健康成长，不能因为相貌、能力、学习的好坏而对孩子厚此薄彼，伤害他们的心灵。

2. 子女与父母相处的礼仪

孝敬父母一直是中华民族的传统美德，"百善孝为先""孝子之至，莫大乎尊亲"，孔子也将"孝"作为"仁"的根本。为人子女，如何做到更好地与父母相处呢？

（1）要做到孝敬父母

每个人都是父母从小拉扯大的，都倾注了父母的大量心血，为人子女要时刻想到父母的养育之恩，不仅要有物质上的供养，还要有精神上的安慰。不在父母身边时，要经常打电话问候父母。

（2）不嫌弃自己的父母

子女不能因为家境、工作、收入等原因嫌弃、冷淡自己的父母。有些父母比较啰唆，绝不可以嫌他们烦，甚至出现抵触情绪。家长啰唆孩子，其实是为了让孩子更好地成长，帮助孩子少走弯路，这个时候孩子应该理解自己的父母，体会他们的心情，理解他们的良苦用心。

（3）当和父母意见不一致时，要冷静处理

如果和父母意见发生冲突时，可以先听听父母的想法，不急于表明自己的想法，或者可以把自己的想法说出来，请父母来一起分析是否可行。无论与父母有多大的分歧，有一个原则是不该违背的，那就是尊重父母。

（4）经常和父母交流

若子女因为学习、工作远离父母，应该经常与父母通电话。儿行千里母担忧。即使以后子女生儿育女，但在父母的眼里都还是孩子。周末、节假日都应该回家看望父母，帮助父母做些力所能及的事情。

大部分父母都希望自己的孩子能够健康快乐地成长，拥有幸福美满的生活。父母的爱，是天底下最真挚、最包容的感情，可以容纳子女任何的无知与过错。所以，若此刻正拥有父母的宠爱，请好好珍惜，不要埋怨他们的唠叨和关心，多将自己的快乐、成绩及关心带给他们。

**做一做**

孝敬父母，你做到了吗？每个星期给自己的父母打一次电话，说说自己生活中的小事。

1）不要让父母不开心。
2）出门、回家先问安。
3）节假日回家与父母团聚。
4）做事情要顾及父母的情绪。
5）当父母唠叨时，要有耐心。
6）在家时，帮助妈妈做一些力所能及的事情。

（二）兄弟姐妹相处的礼仪

兄弟姐妹之间不仅有着亲密的血缘关系，而且从小互相陪伴、共同成长，因而成年后也应该彼此信任、你帮我扶。兄弟姐妹之间的相处也要讲究礼仪。

1. 团结互助

兄弟姐妹之间要讲究宽容、厚道和谦让，没有必要搞竞争攀比，更不要争风吃醋、挑拨离间。涉及物质利益问题时，应做适当谦让，团结互助。

## 2.彼此爱护

兄弟姐妹之间应该是无条件的、不图回报的，不仅是物质利益的支援方面，还包括精神情感的沟通方面。特别是出于爱护目的的批评、指正，要勇于接受。

## 3.相互尊重

有人认为，既然是兄弟姐妹，就不用那么生疏，有什么话都可以想说就说，但这样往往会伤害了彼此的自尊心。所以我们在说话时，要讲究方式、方法，体现对对方最基本的尊重。

## 读一读

### 礼仪小故事

### （一）亲尝汤药

公元前202年，刘邦建立了西汉政权。刘邦的四儿子刘恒，即后来的汉文帝是一个有名的大孝子。刘恒对他的母亲皇太后很孝顺，从来也不怠慢。

有一次，他的母亲患了重病，这可急坏了刘恒。他母亲一病就是三年，卧床不起。刘恒亲自为母亲煎药，并且日夜守护在母亲的床前。每次看到母亲睡了，才趴在母亲床边睡一会儿。刘恒天天为母亲煎药，每次煎完，自己总先尝尝汤药苦不苦、烫不烫，感觉差不多了，才给母亲喝。刘恒孝顺母亲的事，在朝野广为流传。人们都称赞他是一个仁孝之子。

### （二）扇枕温衾

汉朝时候，有个叫黄香的孩子，九岁时母亲就去世了，他常常怀念着母亲，至诚恳切，乡亲们都称他是个孝顺的孩子。他侍奉父亲非常勤劳，不怕吃苦，在炎热的夏天，他用扇子扇凉席子让父亲睡，冬天则先钻进被窝温热被子让父亲睡。太守刘护对黄香九岁就懂得扇枕温衾的孝行感到很惊异，于是表奏了朝廷。朝廷对黄香进行表彰称"江夏黄香，天下无双"，后来黄香官居要职，成为国家栋梁之材。

### （三）百里负米

仲由，字子路、季路，春秋时期鲁国人，孔子的得意弟子。他性格直率，非常孝顺。早年家中贫穷，他常常采野菜做饭食，也从百里之外负米回家侍奉双亲。父母死后，他做了大官，奉命到楚国去，随从的车马有百乘之众，所积的粮食有万钟之多。坐在垒叠的锦褥上，吃着丰富的筵席，他常常思念双亲，感叹说："即使我吃野菜，为父母去负米，哪里可以再得呢？"孔子赞扬说："你侍奉父母，可以说是生时尽力，死后思念啊！"

## （四）弃 官 寻 母

宋朝时有一个名叫朱寿昌的人，也是个很有名的孝子。他的生母是刘氏，嫡妻妒忌她有了小孩，将她赶出了朱家，自此母子骨肉分离，50年未能相见。朱寿昌无时无刻不在思念母亲，每到一地为官，他都在四处查找母亲的踪迹。可是人海茫茫，找人谈何容易。宋神宗当朝的时候，他再也没有心思做官了，决定辞掉官职去寻找母亲。临行时，他告知家人自己的决定，发誓说："找不到母亲，我今生今世绝不回家！"这一次，他将寻母的重点放在秦地（今陕西）。后来，历尽千辛万苦的他，终于在同州（今陕西大荔县）寻找到了自己的母亲。宋神宗夸奖其孝行，恢复其官职。

## 明礼践行

1. 同学们，读了上面四个孝顺父母的历史小故事，联系自己实际情况，想想自己平时是怎么孝敬父母的，有没有让父母亲担心的地方。学了这一课，你觉得接下来应该怎么做？

_____

_____

_____

2. 你有哪些没有达到礼仪规范的言行举止呢？可以征询家长的意见，具体记录下来，然后自己逐一改正，养成良好的礼仪习惯。

_____

_____

_____

# 第二节　做客、待客的礼仪

**案例说礼**

### 我的待客之道

周末下午，妈妈有事出门了，可刚才老师打来电话，说一会儿要上门家访，我连忙走到楼下迎接他。一会儿，老师就到了，我热情礼貌地将老师请进屋，倒了一杯茶水双手递给老师，还端出一大盘水果，特意给老师削了一个苹果，跟老师聊了起来。一会儿妈妈就回来了，老师把我这段时间在学校的表现，特别是这次考试取得的好成绩，告诉了妈妈。老师希望我再接再厉，期末能考出更好的成绩。不久，老师就要告辞了，我和妈妈把老师送到楼下，礼貌地跟老师再见告别。

**思考**

你觉得案例中我的表现怎么样？你能说说具体体现在哪些方面？当你到别人家做客时，你应该遵循哪些做客的礼仪规范？

_____

_____

探亲、访友是人与人之间往来常遇到的交流方式，对双方联络感情、增进友谊、交流信息起着关键性的作用。做客与待客多是在家中进行的，可免去公共场合下紧张严肃的气氛，因此这种特殊形式的交往具有轻松愉快、亲切友善的特点。做客和待客应注意哪些礼仪呢？

## 一、做客礼仪

### （一）做客前的准备工作

**1. 要提前预约，不可贸然上门**

做客前一定要选好时间，事先约定，最好是在节假日的下午或平日晚饭以后，不要选择周末晚上或对方吃饭的时间，以免打扰人家吃饭、做家务和休息等，这是做客的首要礼仪原则。预约的方式可以是电话、微信等。在预约时，要告诉对方自己拜访的原因、目的及拜访的时间。

### 2. 准备一些小礼物

初次登门拜访，可以随身携带一些小礼物，如水果、地方特产、老年营养品、茶叶等。礼品的选择，要顾及习俗礼俗、因人因事因地施礼，要针对不同的受礼对象区别对待。一般来说，对家贫者，以实惠为佳；对富裕者，以精巧为佳；对恋人、爱人，以纪念性为佳；对朋友，以趣味性为佳；对老人，以实用为佳；对孩子，以启智新颖为佳；对外宾，以特色为佳。选购礼品时还必须根据自己的身份及经济承受能力选择相宜的礼品，切忌盲目攀比去选一些过于贵重的礼品。

### 3. 要有良好的个人形象，注意仪容仪表

在仪容仪表上既要体现拜访者的个人修养，又要考虑对方的身份，以显示对对方的尊重。

## （二）做客时的礼仪规范

### 1. 准时到达，提早和迟到都不宜

准时赴约是人际交往中最基本的礼貌和对他人最基本的尊重。没按约定时间登门，早早就来到别人家里，给受访人造成措手不及，双方都会显得尴尬。迟到或因特殊情况不能按时到达，一定要给对方打电话，说明晚到的原因。

### 2. 进门前学会通报

到了受访人的家门口，要懂得按门铃或敲门，这是对受访人的尊重，万不可大声呼喊受访人的名字。

### 3. 正确按门铃

到了受访人的家门口，先按一下门铃，如果屋内没有反应，再按一次。按完门铃后，不远不近地站在"猫眼"的正前方，这样屋内的主人就可以通过"猫眼"看到拜访者。按住门铃不放，使铃声持续不断地作响，这是不礼貌的行为。

### 4. 正确敲门

到了受访人的家门口，用食指和中指持续敲三下门，如果屋内没有反应，再持续敲三下。使劲捶门、大声呼喊开门，这些都是不合乎礼节的行为。

### 5. 进门要记得换鞋

去别人家做客，进门要记得脱鞋。不可把鞋穿进屋内，否则会带入鞋底的尘土，女性的高跟鞋底还有可能破坏地板。脱鞋就会露袜，因此一定要保证袜子干净、无破损、无异味。

### 6. 进门要寒暄

如果是初次拜访，要主动自我介绍，与主人及其家人握手、问好。进屋后要把厚重的外套、帽子、手套脱下放置好。如果戴墨镜，也要摘下来。

### 7. 正确使用卫生间

如果短时间拜访，尽量避免使用主人家的卫生间。如果主人家有两个卫生间，在必须要使用的情况下，也要避免使用主卫。

### 8. 不可随意进入主人的卧室参观

在别人家里做客，是有一定的活动区域限定的。主人的卧室是很私密的地方，不能随意进入参观，一般在客厅就座即可。

### 9. 不随意翻动物品

在主人家里，不要随意翻动物品。对屋内观赏性的装饰品，可以稍作赞美。

### 10. 礼貌饮茶

主人斟倒茶水，不能一滴不喝。同时，别忘了"喝茶要赞茶"的礼节。

### 11. 控制好拜访时间

去别人家里拜访，要控制好时间。目的性的拜访，话题要明确；礼节性的拜访，话题要轻松，但也不能聊起来没完没了，毕竟受访者还会有其他的事情安排；临时性的拜访应控制时间在 2 小时内。

### 12. 拜访时创造轻松的氛围

去别人家里做客，要做到客随主便，不要过于随意，也不要过于拘谨，不失礼节，以自然为宜。

## 案例分析

### 如 此 待 客

妈妈的好朋友王阿姨带着9岁的儿子强强来到赵亮家做客。此时，赵亮正在玩电脑游戏。听到门铃声，赵亮极不情愿地边起身边大声问道："是谁呀？烦死了！"在听到是王阿姨之后，赵亮开了门朝厨房内大声喊道："爸爸妈妈，王阿姨来了。"然后他又去玩自己的游戏了。在爸爸妈妈和王阿姨聊天过程中，妈妈把赵亮最喜欢的越野车玩具送给强强玩，赵亮看见了有点生气但又不好明说。于是在之后的大人谈话时，他又故意多次打断对话。当王阿姨要回家时，妈妈边送王阿姨边说："亮亮，王阿姨和强强要走了。"赵亮坐在沙发上，懒洋洋地说了一声："王阿姨再见！"

你觉得赵亮这样做好不好？如果你是赵亮，应该怎么做才符合待客之道？

**? 思考**

_____

_____

## 二、待客礼仪

接待客人是一门艺术，热情、周到、礼貌待客，就会赢得朋友的尊敬。如果我们不注意待客礼节，就会使客人不悦，甚至失去朋友。

（一）待客时的礼节要点

1. 准备周密，热情迎客

（1）做好迎客准备工作

首先，要做好家庭环境与物质方面的准备。预先知道客人来访，要提前做好接待准备工作。整理好房间，准备好茶饮、糖果等。如果要留客人吃饭，事先要了解客人的习俗、喜好和口味等，以便备好饭菜原料。如果事先知道客人要留宿，最好让客人单住，并把客人的房间及床铺等用品收拾得干干净净。如果是远道来客，必须事先了解来客乘坐的交通工具和抵达的时间。特别是初访的客人，对路况不熟悉，要尽量远迎一些，以免客人迷路。

其次，要做好个人形象方面的准备。主人要仪容整洁、自然大方。蓬头垢面或穿着睡衣短裤是不礼貌的。

（2）掌握迎客礼仪

客人在约定时间到达，主人应提前到门口迎接，不宜在屋中静候。客人进门时，要主动与其打招呼，笑脸相迎，侧身相让，并微笑着说："您好，请进！"如果有客人突然登门，也要热情相待，若室内未清理，应致歉并适当收拾，但不宜立即打扫，因为打扫有逐客之意。

2. 真诚待客，宾至如归

客人进门后，应热情招待。要把最佳的座位让给客人坐，客人坐下后，应热情地给客人奉敬烟茶糖果（图4-1）。茶水要倒八分满，不要太满以免烫伤客人。上茶时最好用双手递送，先敬尊长者。及时与客人交谈，话题内容可因实际情况而定，一般来说应谈一些客人熟悉的事情。若无法奉陪客人交谈，可安排身份相当者代陪或提供报纸杂志、打开电视供客人消遣，切不可出现主人只管自己忙，把客人晾在一旁的现象。

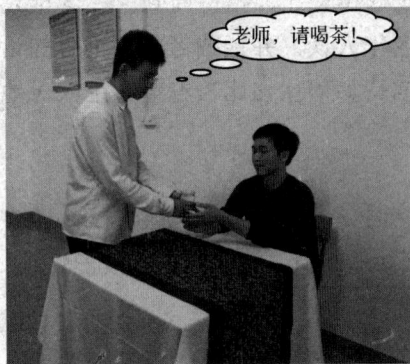

图 4-1　待客上茶

3. 合理送客，亲切道别

客人告辞时，一般应真诚婉言挽留。若客人真要离开，应先等客人起身后，自己再起身相送，不可先起身摆出送行的姿态，这是不礼貌的。送客时，若自己居住的是楼房要送到底楼；若自己居住的是平房要送到路口，再握手或挥手道别并微笑说："欢迎下次再来。"把客人送出门后，注意回身关门不能过重，以免客人误以为主人不满而心生疑虑。

（二）待客时的注意事项

针对不同的情况，我们还应灵活待客。

### 1. 环境变化

如果是天气炎热的夏季，主人可递给客人一块凉毛巾擦脸消暑，或递上扇子、打开电扇或空调，并送上一杯冷饮。如果是寒冷的冬天，主人则应把客人请到暖和一些的房间，倒杯热茶。如果客人远道而来，要询问是否用过餐，要不要先吃些东西。

### 2. 客人是老朋友

当客人是老朋友时，则不必拘泥于礼节，应尽量随意一些。但不应当着客人的面公开家庭内部矛盾，更不应在客人面前发生口角、吵闹，或因小孩做错了事而大发雷霆。

### 3. 客人是老年人

若客人是老年人，更应彬彬有礼，招待周到。和老年人交谈时，尤其要注意谈话态度要诚恳、谦逊，多让老年人谈，并谈些老年人关心的话题。老年人平时活动范围一般比较小，他们对晚辈招待如何往往比较看重。主人对他们周到体贴，他们会感到特别欣慰。

### 4. 客人带小孩来做客

客人带小孩做客时，要找些玩具、画册等，让孩子玩耍，或让自己的孩子陪着客人的孩子一起玩，免得孩子哭闹，影响交谈。

### 5. 对待不速之客

如果客人不约而来，自己毫无准备，这时也应将房间里的物品收拾一下，使客人有干净的座位，并向客人表示歉意。切不可将客人拒之门外，或面带不悦，使来客陷于尴尬境地。此时，应尽快了解客人来访的目的，以便见机行事，妥善处理。

### 6. 拒客技巧

如果客人过长的逗留影响自己的事务或休息时，可以减少谈话，只听不说，并不再递烟或添茶；也可以直截了当而又礼貌地跟其说明。实际上，这种尴尬局面往往可以避免，只要你在邀请客人时或在接待交谈中，让他知道你在何时有事要办或因故需要何时休息，届时略加提醒，细心的客人是会准时主动告别的。

细节体现教养，细节展示素质。礼貌待客不但是一种礼仪，而且还是一门学问。因此，要加强学习，要注意实践、持之以恒。

**明礼践行**

1. 家庭待客应做好哪些准备？反思自己在日常生活中待客的好与坏，认真积累家庭待客方面的经验。

_____

_____

_____

2. 收集一些我国各地区的待客礼仪资料，并分小组互相交流。

_____

_____

_____

# 第三节　邻里之间的礼仪

**案例说礼**

## "六尺巷"的故事

清朝康熙年间，大学士张英（清代名臣张廷玉的父亲）的老家人与邻居吴家在宅基地问题上发生了争执，因两家宅地都是祖上基业，时间又久远，对于宅界谁也不肯相让。双方将官司打到县衙，又因双方都是官位显赫、名门望族，县官也不敢轻易了断。于是张家人千里传书到京城求救。张英收书后批诗一首："千里家书只为墙，让他三尺又何妨。万里长城今犹在，不见当年秦始皇。"张家人收到回信后豁然开朗，退让了三尺。吴家见状深受感动，也让出三尺，形成了一个六尺宽的巷子。人们都称颂张英大学士品格高尚。"六尺巷"的故事，至今依然带给人们不尽的思索与启示。如今，"六尺巷"的典故已远远超出其本意，成为彰显中华民族和睦谦让美德的见证。

> 故事中，张英心胸开阔、恭谦礼让、宽容豁达，"六尺巷"的故事被广泛传颂。你在生活中邻里关系处理得怎么样？你知道邻里之间的相处之道吗？
>
> _____
>
> _____

在家庭交往中，最频繁的交往就是邻里之间的交往了。俗话说："远亲不如近邻。"邻里关系虽然比不上自己与家人的血缘关系，但因共同居住一地彼此容易产生亲情、友情，同时也容易发生摩擦。因此，邻里之间以礼相待显得尤为必要。

## 一、邻里居住礼仪

"好邻居是个宝"，学会与街坊邻居和睦相处，对于提高我们的日常生活质量，是极其有益的。

### （一）不打扰左邻右舍

不打扰邻居，是居住文明中最基本的礼仪。它的要点如下。

**1. 早出晚归进出住处时，要保持安静**

由于每个人的作息时间不一致，所以我们在进出住处时务必注意不要大声喧哗、说笑，以免影响他人休息。

**2. 使用音响设备时，要掌握好适宜的音量**

不能追求高音效果和强烈的刺激感，更不能合着节拍激烈舞蹈，产生过大的声响。

**3. 要尊重邻居的生活习惯**

每个人都有自己的生活习惯，应给予尊重。

**4. 要教育好自己的孩子不要随意吵闹**

小孩如果不分时间、场合随意吵闹，会打扰周围的人，家长应该给予孩子正确引导。

### （二）高层住户要照顾低层住户

1）不往楼下倾倒污水或脏物。
2）阳台上种了花草，应采取一定的防范措施。在浇水时，不要让水洒到楼下去。
3）放在阳台栏杆边沿的东西，应随时固定以免被风刮落或不慎碰落。

4）晒在阳台外的衣服，要注意拧干。如果低楼层的阳台外晾晒了棉制品，高楼层住户应避免在同一时间晒刚洗过的衣物，以免往楼下滴水。

5）搬动桌椅要轻些，尽量不在家里砸东西，不要穿带钉的皮鞋在屋里走来走去，最好一进门就换上拖鞋、布鞋等。

### 读一读

### 罗 威 饲 犊

汉朝有个人叫罗威，邻居家的牛多次吃了他家的庄稼，他和邻居交涉，邻居不予理睬。罗威并没有火冒三丈，而是找到问题的焦点，从牛身上去寻找解决矛盾的途径。于是，每天天不亮他就起床去打青草，然后悄无声息地堆放在邻居家的牛圈前。牛一闻到鲜嫩的青草，就大嚼特嚼起来，吃饱了就睡觉，再也不去吃庄稼了。邻居每天起来，总看到牛圈前有一堆青草，颇感纳闷。经观察，知是罗威所为，顿觉愧疚，从此对牛严加看管。罗威饲犊的故事也传为美谈。

## 二、邻里相处礼仪

1）正确称呼。一般来说，比自己父母辈分大的应称呼爷爷、奶奶；与自己父母同辈，比父母年长的称呼伯伯、伯母；比父母年龄小的称呼叔叔、阿姨。

2）礼貌称呼。早晚见面都要热情礼貌地打招呼，并行点头礼或招手礼，不要视而不见，甚至装作不认识。

3）在楼道里或窄小的地方遇到长辈，要主动让路，请长者先走。遇到老人上下楼梯，应上前搀扶。

4）见到邻居提、搬重物，要主动让路，不能抢上抢下或挤上挤下，还应主动询问是否需要帮助。

5）借用邻居的东西要有礼貌。如轻轻敲门，等主人开门后用请求、商量的语气说明来意，归还时要表示谢意。注意应双手接、递所用的东西。借邻居家的东西要小心使用，不要弄坏、弄丢。如果万一损坏要主动赔偿，并赔礼道歉。如果主人不要赔偿，除了当面赔礼道歉外，最好以其他方式弥补邻居的损失。借用的东西使用完应立即送还，不要忘记，更不能让邻居频繁索要。一般最好不去借较贵重的东西。

创建和谐的邻里关系，需要我们知礼、明礼、习礼、达礼，更需要我们自觉学习礼仪知识，提高文明水平。

## 明礼践行

1. 中国是个礼仪之邦，祖祖辈辈流传着许多有关邻里关系的俗语歌谣，如今听来仍然极有教育意义。

远亲不如近邻，近邻不如对门。

有缘成邻居，附近伴如亲。

你敬我一尺，我敬你一丈。

1）你与邻居之间曾经发生过什么事？

2）说说邻里之间为什么要和睦相处。

_____

_____

_____

2. 俗话说："远亲不如近邻。"说说邻里之间应该怎样和睦相处。

_____

_____

_____

## ●●●● 本 章 小 结 ●●●●

　　无论是在现代化的大都市，还是偏僻闲适的乡村，"家庭幸福、邻里和谐"是日常生活中的一道亮丽的风景线，展现着人们的精神风貌和社会风尚。只有人人参与、积极奉献，努力营造和谐的氛围，才能让小家庭更加幸福，左邻右舍这个大家庭更加和睦。

# ◆◆◆ 知 识 乐 园 ◆◆◆

第四章知识乐园答案

## 一、单项选择题

1. 家庭礼仪的核心在于对家人、对家事、对家庭怀有_____，能够互敬互爱、敬老孝亲。

    A. 爱护之心        B. 体贴之心        C. 尊敬之心        D. 友爱之心

2. 家庭礼仪以_____为基础。

    A. 血缘关系        B. 地域关系        C. 遗传关系        D. 物质利益

3. 家庭教育中流传着一句话："家庭是复印机，父母是原件，孩子是复印件。"说明父母在与子女相处时，应该要做好_____。

    A. 尊重孩子        B. 言传身教        C. 诚实守信        D. 一视同仁

4. 在以下家庭活动中，说法错误的是_____。

    A. 当与父母意见不一致时，应据理力争

    B. 不嫌弃自己的父母

    C. 尊敬自己的父母和长辈

    D. 家庭待客时，要仪容整洁，自然大方

5. 做客前一定要选好时机，事先约定，最好是选在_____。

    A. 节假日的上午                B. 节假日的中饭时

    C. 节假日的下午                D. 节假日的晚饭时

## 二、多项选择题

1. 中国人一直以来都非常注重和谐的邻里关系，以下对于邻里关系叙述正确的有_____。

    A. 为了避免邻居间产生矛盾，最好的办法就是少掺和，自家管好自家最好

    B. 晚上 9 点以后不要唱卡拉 OK

    C. 洗衣、洗菜的污水不要向窗外泼

    D. 到邻居家拜访，如果门开着，可以直接进去

2. 到别人家里拜访，可以随身携带一些小礼物，如_____。

    A. 水果        B. 茶叶        C. 现金红包        D. 地方特产

3. 对他人家属的称呼正确的是_____。

    A. 对长辈，应在称呼前加"尊"字，如"尊母""尊兄"等

    B. 对平辈或晚辈，应在称呼前加"贤"字，如"贤弟""贤妹"等

C. 在亲属的称呼前加"令"字，一般不分辈分与长幼，如"令堂""令尊""令爱""令郎"等

D. "愚兄"是一种表示自谦的客气语

4. 以下符合筷子使用礼仪的是_____。

A. 在吃饭的时候不拿筷子敲碗碟

B. 用公筷给别人夹菜

C. 在夹菜时不要用筷子去翻动菜品

D. 筷子不洁净不夹菜

5. 以下符合兄弟姐妹之间相处礼仪的是_____。

A. 讲究宽厚、谦让

B. 不听逆耳之言，不见逆己之事

C. 彼此爱护，不图回报

D. 相互尊重，彼此信任

## 三、判断题

1. 从一定意义上讲，中等职业学校学生既是家庭礼仪的直接受益者，也是家庭礼仪的重要传承者。　　　　　　　　　　　　　　　　　　（　　）

2. 家庭礼仪的主要内容包括家庭成员礼仪、家庭仪式礼仪、个人礼仪、待客礼仪、邻里之间礼仪等。　　　　　　　　　　　　　　　　　　（　　）

3. 夫妻之间因彼此非常熟悉，在称呼对方时，可以用"嘿""哎"来代替。
　　　　　　　　　　　　　　　　　　　　　　　　　　　　（　　）

4. 邻里间应该讲究礼让、语言文明、说话和气、和睦相处，形成一种互敬、互信、互助、互让、互谅的新型邻里关系。　　　　　　　　　　　（　　）

5. 在现代生活中，家庭礼节已不再是繁文缛节，而是更加生活化、细节化。
　　　　　　　　　　　　　　　　　　　　　　　　　　　　（　　）

## 四、简答题

1. 何谓家庭礼仪？简要说说家庭礼仪的主要特点。

2. 家庭迎客需要做好哪些准备工作？

3. 古人云："百善孝为先。"为人子女，如何做到更好地与父母相处？

## 五、案例分析题

### 一只鸭引发的争执

有一天，李明到市场上买了一只鸭回家，准备晚上炖老鸭汤给全家人补补身子。到家后，他把鸭放在自家的院子里，并用栅栏围起来。等到傍晚李明去抓鸭时，他发现鸭

已经不见了，便在家附近寻找。同时，他发现邻居陈冬手上刚抓着一只鸭。李明怀疑陈冬手上的鸭是自己的，便上前询问，没想到没说几句两人便发生了冲突，动起手来。双方家人听说后也参与到打架当中，李明冲动之下用啤酒瓶砸向陈冬，陈冬被送进了医院，李明也被送进了看守所。

**思考：**

在本案例中，因一只鸭而引发了邻居之间的冲突。如果你是李明，正确的做法应该是怎样的？在平时生活中，好邻居有什么标准？我们应该如何处理好邻里之间的关系？

## ▶ 活 动 项 目 ◀

**活动名称：** 我爱我家

**活动场地：** 教室

**活动工具：** 笔、作文本

**活动内容：** 请以"我爱我家"或"我的好邻居"为主题写一篇作文，选出文笔优秀的作品，以小组为单位进行交流展示，并选举几名同学说说家庭礼仪、邻里之间礼仪的重要性和反思自己以往的做法（表4-4）。

表4-4　习作展示与体会

| 主题 | 我爱我家 | 我的好邻居 |
| --- | --- | --- |
| 习作园地展示栏 | | |
| 我的体会和感想 | | |

# 礼尚往来——融洽人际关系

## 知识导航

**知识目标** 了解社交活动中见面礼仪的规范和注意事项；了解职场中办公室、宴请、馈赠和接打电话等应遵循的礼仪规范。

**技能目标** 在社交场合中，掌握见面、应酬、沟通及职场的相关礼仪技能，并能够正确运用这些礼仪技能，创建良好的人际关系。

**素养目标** 用所学的礼仪知识指导自己的行为，形成在日常社会实践中自觉运用礼仪规范的良好习惯，培养良好的礼仪素养。

# 第一节 见 面 礼 仪

**生意为什么告吹了**

某学校新建的办公楼需要添置价值数百万元的办公用具，学校校长已做了决定，从 A 公司进行采办。为表达诚意，A 公司销售部经理没有事先预约，便临时决定到学校拜访校长。到了学校，校长刚好在开会，便请他到办公室等一会儿。这位销售部经理等了半小时，就开始不耐烦地说："今天校长这么忙，我还是改天再来拜访吧。"这时，刚好校长回来，发现销售部经理在整理材料准备离开时，将办公室人员刚才递给他的校长名片不小心弄掉在地上，走时还无意从名片上踩了过去。但这个不小心的失误，却令校长改变了初衷。A 公司几乎到手的数百万元办公用具的生意就告吹了。

思考 为什么 A 公司此次的生意会告吹？如何运用名片礼仪谈成生意？

人际交往，是有一定规矩可循的。遵循社交礼仪，交际应酬就会得心应手、游刃有余。称呼、介绍、递名片、握手被认为是社交礼仪中缺一不可的"四部曲"。

## 一、称呼礼仪

称呼是人们在日常交往中对彼此的称谓语。一个得体的称呼，会令彼此如沐春风，为以后的交往打下良好的基础。不恰当或错误的称呼，可能会令对方不悦，影响到彼此的关系。

（一）称呼的分类

1. 职务性称呼

以交往对象的职务相称，以示身份有别、敬意有加，这是一种最常见的称呼，适用于正式的场合，如"局长""科长""校长""经理"等。可以在职务前面加上姓氏，如"李局长""赵经理""杨科长"等。

**2. 职称性称呼**

对于有职称者，尤其是具有高级、中级职称者，在工作中直接以职称相称。称呼时可以只称职称，或在职称前加上姓氏或姓名（适用于十分正式的场合），如"工程师""王教授"等。

**3. 职业性称呼**

对于从事某些特定行业的人，可直接称呼对方的职业，如"医生""老师""警官""护士"等。对于一些从事技术工作或有手艺的人可以称呼他们为"师傅"。

**4. 亲属称呼**

若不知道对方姓名、职务、职业、职称等，可以使用亲属称呼，如"爷爷""奶奶""叔叔""阿姨""大哥""大姐"等。

**5. 性别称呼**

在社交场合中，一般将男子称为"先生"。对女子的称呼则应视情况而定，对于已婚的女子可称为"夫人"，对婚姻状况不明的成熟女子可称为"女士"。

**6. 姓名称呼**

在工作岗位上称呼姓名，一般限于同事、熟人之间，如老张、老李、小张、李华。但是，忌讳岁数小的人如此称呼岁数大的人。

**7. 人称敬称**

人称敬称通常有"您""您老""您老人家""君"等，多用于称呼尊长。

（二）称呼的原则

**1. 礼貌原则**

称呼别人时要讲究礼貌，常用的尊称有"您""贵""贤""尊"等。

**2. 尊崇原则**

对于职位比较高的同事或前辈，在称呼时，要体现自己对对方的尊敬。

**3. 恰当原则**

例如，对司机、厨师可以称师傅，但是将医生、教师称为"师傅"就不恰当了。

（三）称呼的禁忌

1. 禁用错误的称呼

1）误读。一般表现为念错被称呼者的姓名。有的人的姓名不是常用字，有的人的姓名是多音字，此时容易产生误读现象。

2）误会。对被称呼者的年纪、辈分、婚姻状况及与其他人的关系做出错误的判断。例如，将未婚女子称为"夫人"，就属于误会。

2. 禁用庸俗随意的称呼

在人际交往中，有些称呼在正式场合切勿使用，如"兄弟""哥们""姐们""小鬼""死党"等，这样称呼显得庸俗随意。

3. 禁用绰号作为称呼

对于关系一般者，切勿自作主张给对方起绰号，特别是对于有生理缺陷的人，千万不要用他的生理缺陷来称呼，如"拐脚""秃头""罗锅"等。另外，在严肃的场合称呼别人"美女"也是不妥当的。

案例分析

### 被拒绝的生日蛋糕

有一位先生想为一位外国朋友订做生日蛋糕。他来到一家酒店的餐厅，对服务员说："您好，我要为我的一位外国朋友订一份生日蛋糕，你看可以吗？"服务员接过订单一看，忙说："先生，请问您的朋友是小姐还是太太？"这位先生也不清楚自己的外国朋友是否结婚，想想说："年纪不小了，应该结婚了吧。"生日蛋糕做好后，服务员按地址送到酒店客房，敲门并有礼貌地说："请问，您是怀特太太吗？"女子愣了愣，不高兴地说："错了！"服务员一愣，看看门牌号，打电话询问那位先生，确认无误。她又回去再敲一遍门说："怀特太太，这确实是您的蛋糕。"那位女子大声说："告诉你错了，这里只有怀特小姐，没有怀特太太。""啪"一声，门被重重地关上。

为什么外国朋友拒绝了这位先生的好意呢？在涉外交往中，称呼外国友人应注意哪些禁忌？

思考

_____

_____

## 二、介绍礼仪

介绍是人际交往中最初相识的一种形式，是进一步交往的基础，是人与人进行相互沟通的出发点。通过介绍，可以缩短人们之间的距离，以便更好地交谈，更多地沟通和更深入地了解。介绍主要包括自我介绍和介绍他人两种。

### （一）自我介绍

自我介绍实际上就是自我推荐，即用合适的语言把自己推荐给对方，表达自己愿意和他人认识的意愿。做好自我介绍可以在最短的时间把自己最美好的一面表现出来，给人留下较深的第一印象。

#### 1. 自我介绍的形式

（1）应酬式介绍

应酬式介绍适用于公共场合和一般性的社交场合，自己不需要与对方深入交往，如旅行途中、宴会厅里、体育场上、通电话时。此种介绍要简洁精练，一般只介绍姓名即可。例如，"您好，我叫杨洋。"

（2）工作式介绍

工作式介绍适用于工作和公务交往之中，它是以工作为自我介绍的重点，因工作而交际，因工作而交友。在进行工作式介绍时主要应介绍三要素：本人姓名、供职单位及部门、担任的职位或具体工作。例如，"您好，我叫杨洋，是北京××有限公司的总经理。"

（3）交流式介绍

交流式介绍适用于社交活动中，希望与交往对象进一步交流与沟通。交流式的自我介绍，比较随意，可以包括介绍者的姓名、工作、籍贯、学历、兴趣及交往某些熟人的关系。例如，"你好，我叫李青，是餐饮部的经理，我和琳琳是同事，我们都毕业于××学院酒店管理专业，我主要负责餐饮的营销工作。"

（4）礼仪式介绍

礼仪式介绍适用于讲座、报告、演出、庆典、仪式等一些正规而隆重的场合，包括姓名、单位、职务等，同时还应加入一些适当的谦辞、敬辞，营造谦和有礼的交际气氛。例如，"各位来宾，大家好！我叫朱文文，我是××学校的学生。首先我代表学校全体师生欢迎大家光临我校，希望大家……"

（5）问答式介绍

问答式介绍适用于应聘、应试和公务交往。问答式的自我介绍应该有问必答。

## 2．自我介绍的基本程序

先向对方点头致意，得到回应后再向对方介绍自己的姓名、身份和单位，同时递上事先准备好的名片。

## 3．自我介绍的注意事项

（1）选择合适时机

进行自我介绍时，最好选择在对方有需要、有空闲，而且情绪较好，又有兴趣时进行，这样就不会打扰对方。

（2）确定介绍方式

根据目的确定自我介绍的方式，介绍内容宜简短，一般以半分钟左右为宜，最好利用名片加以辅助。

（3）介绍内容真实

自我介绍包括三大基本要素：姓名、所在单位及部门、职务和所从事的具体工作。介绍内容要求实事求是、富有特色，不必自吹自擂、夸大其词。

（4）态度友善自信

自我介绍时应态度友善、亲切、自信、落落大方，介绍时要正确、简洁，语气应自然平和。目光应注视对方的眼睛以方便交流，但不可长时间注视。

**做一做**

**技 能 训 练**

下列介绍属于哪种介绍方式？适合什么场合？

1．您好，我叫李明。

2．您好，我叫李明，是杭州××房地产公司的销售员。

3．你好，我叫李明，在杭州××房地产公司做销售工作，我和王强是多年的老朋友了。

4．各位来宾，大家好，我叫李明，是杭州××房地产公司的销售部经理，我代表本公司热烈欢迎大家光临我们的销售会，希望大家……

（二）介绍他人

生活中我们总会结识新的朋友，得体的认识方式会为我们带来好的人缘。介绍他人是指作为第三方为彼此不相识的双方进行引见、介绍。你知道为他人介绍有哪些注意事项吗？

1. 介绍时机

介绍时机包括以下几点：在家里，接待彼此不相识的客人或在办公地点接待彼此不相识的来访者；与家人外出，路遇家人不认识的同事或朋友；在社交场所，介绍互不相识的朋友认识；等等。

2. 介绍顺序

介绍他人时，我们必须遵守"尊者优先了解情况"的规则，即在为他人介绍前，先要确定双方地位的高低，先介绍位低者，后介绍位高者，可以使位高者优先了解对方的情况。为他人进行介绍时的顺序如下：①把晚辈介绍给长辈；②把年轻者介绍给年长者；③把男士介绍给女士；④把职务低者介绍给职务高者；⑤把家人介绍给同事、朋友；⑥把未婚者介绍给已婚者；⑦把后来者介绍给先到者；⑧双方年龄差不多，把与自己关系密切的一方引见给另一方。

3. 介绍的站位与手势

图 5-1　介绍的站位与手势

介绍人、被介绍人、中介人的站位呈三角形。无论介绍哪一方，都应手心朝上，五指轻轻并拢，以肘关节为轴礼貌地示意被介绍人，并向另一方点头微笑（图 5-1）。必要时，可以说明被介绍的一方与自己的关系，以便新结识的朋友之间相互了解和信任。

介绍时，除女士和年长者外，一般应起立，但在宴会中、会谈上可不必起立，这时被介绍者只需微笑点头即可，距离近者可握手，远者可举手致意或稍微欠身。

4. 介绍形式

根据实际需要的不同，为他人进行介绍时的内容也会有所不同。通常有以下几种形式。

1）标准式。适用于正式场合，介绍双方的姓名、单位、职务等。

2）简介式。适用于一般的社交场合，只介绍双方姓名或双方姓氏即可。

3）强调式。适用于各种社交场合，除介绍双方的姓名外，还会刻意强调一下被介绍人与中介人之间的特殊关系，以引起重视。

4）引见式。适用于普通的社交场合，将被介绍的双方引到一起，而不需要表达任何实质性的内容。

5）推荐式。适用于比较正式的场合，介绍人是经过精心准备的，目的就是将被介绍人举荐给他人。介绍时，通常会对被介绍人的优点加以重点介绍。

6）礼仪式。适用于正式场合，是一种最为正规的他人介绍。与标准式介绍略同，只是语气、表达、称呼上都更为礼貌、谦恭。

**案例分析** ● ● ● ●

### 小顾的遭遇

小顾有心让朋友老张和自己的新朋友小朱认识。一次，恰逢小朱陪小顾看展览，遇到了老张。小顾马上热情地同老张打招呼。小顾先对小朱说："这就是我常和你提起的老张，是泥塑高手。"随即对老张说："老张，这是我新认识的朋友小朱，对泥塑挺有研究的。"人到中年的老张见小朱只是个 20 多岁的普通青年，不禁感到被介绍给他很丢面子，礼貌地寒暄后就走了，不仅没仔细认识小朱这个朋友，也把小顾冷落到一边了。

**思考** 请结合所学知识分析，小顾的此番介绍为什么以失败而告终？

_____

_____

## 三、递名片礼仪

名片是社会交往中最重要的书面介绍材料。交换名片，一方面方便介绍自己，另一方面便于今后保持联系。名片的递接应遵循哪些礼仪规范？

（一）准备名片

名片应放于容易拿出的地方，原则上名片应放在名片夹里，并确保整洁、平整。若穿西装，可以将名片放于上衣内侧口袋里。注意不要将自己的名片和别人的名片放在一起。

（二）递送名片

1. 递送名片的时机

初次相识，自我介绍或别人为自己介绍时；当双方谈话较融洽，并表示愿意建立联系时；双方告辞，并表示愿意结识对方，希望下次相见时；等等。

**2. 递送名片的顺序**

按照"客先主后，身份低者先，身份高者后"的原则，一般是地位低的人先向地位高的人递名片，男性先向女性递名片。当对方不止一人时，应先将名片递给职务高者或年长者，如分不清职务高低、年龄大小，宜先和自己左侧的人交换名片，然后按顺时针交换名片。

**3. 递送名片的礼节**

一般应起立，面带微笑，注视对方，双臂自然伸出，双手的拇指和食指分别握名片上端的两角，以齐腰的高度恭敬地递给对方，名片应正面朝上、文字内容正对着对方，同时报上自己的姓名或寒暄语。例如，"我叫××，这是我的名片，请多多关照！"（图 5-2）。

> 这是我的名片，请多多关照！

图 5-2 递送名片

（三）接受名片

1）接受名片时应起身迎接，目视对方，面带微笑，用双手握住名片的下方两角（图 5-3），接过名片后应致谢。

2）接过名片，应立即仔细阅读，可把对方的头衔重复一下，表示对对方的重视。若有不会读的字，应当场请教。

3）接过对方名片后要回敬对方自己的名片，如果自己没有名片，应当向对方表示歉意，如实说明理由，告知联系方式。

图 5-3 接受名片

4）接受的名片不可随意扔在桌上，也不要随便塞在口袋里或丢进包里，应放在名片夹里或上装的内侧衣袋中，以示尊重。

（四）索要名片

索要他人名片，一般有以下几种方法：①向对方提议交换名片；②主动递上自己的名片；③询问对方"今后如何向您请教？"（此法适于向尊长索要名片）；④询问对方"以后怎样与你联系？"（此法适于向平辈或晚辈索要名片）。

## 四、握手礼仪

两人相向，握手为礼。握手礼起源于西方，作为见面和告辞时的礼节。在我国，握手礼不但在见面和告辞时使用，而且还作为祝贺、感谢或互相鼓励的表示。目前，握手礼是国内用得最多的相见礼仪，也是当今世界最为流行的礼节。

握手礼起源于远古时代，那时人们主要以打猎为生，手中常持有棍棒或石块作为防卫武器。当人们相遇并且希望表达友好之意时，必须先放下手中的武器，然后相互触碰对方的手心，用这个动作说明："我手中没有武器，我愿意向你表示友好，与你成为朋友。"随着时间的推移，这种表示友好的方式被沿袭下来，成为今天的握手礼，并被世界上大多数国家所接受。

在交际场合中当我们跟别人握手时，应该遵循哪些握手的礼仪规范？

### （一）握手的标准姿态

握手时双方应相距 1 米左右，呈立正姿势，上身略向前倾，伸出右手，约齐腰高度，四指并拢，大拇指张开，掌心垂直，虎口相交，用力适度，上下抖动约三下。握手时，神态要专注、热情、友好、自然，目视对方，面带微笑，同时向对方问候（图 5-4）。

图 5-4　握手礼仪

### （二）握手的注意事项

#### 1. 握手的顺序

1）男女之间，男方要等女方先伸手后才能握手，如女方无握手之意，可点头或鞠躬致意。

2）宾主之间，主人应向客人先伸手，以示欢迎。

3）长幼之间，年幼者要等年长者先伸手。

4）上下级之间，下级要等上级先伸手，以示尊重。

#### 2. 握手的时间

握手时间的长短可根据双方亲密程度灵活掌握，一般来说，以 2～5 秒为宜。男士与女士握手时间要短一些，用力要轻一些，一般应握女士的手指部分（图 5-5）。男士之间的握手方式如图 5-6 所示。握手时间过长，握住异性的手长时间不放，都是失礼的行为。

图 5-5　男女之间的握手方式

图 5-6　男士之间的握手方式

### 3. 握手的力度

握手时用力要适当，可握得稍紧些，以示热情，但不可太用力，更不可把对方握疼，否则会显得粗鲁无礼。正确的握手力度一般是让对方稍感压力即可。一般来说，与女士握手时，力度应稍轻。

### （三）握手的禁忌

握手时，不要戴着手套或戴着墨镜，另一只手也不能放在口袋里；切不可用左手握手，在特殊情况下用左手，应当说明或者道歉；不要坐着与别人握手；手不可不干净；握手后切忌用手帕擦手；多人同时握手时，注意不要交叉握手。

**案例分析**

#### 握手的失误

陈刚去某贸易公司应聘，招聘主管是位女士。因为事先看过陈刚的简历，女主管觉得陈刚很有能力。面试进行得很顺利，陈刚给女主管留下了很好的印象。面试结束时，女主管热情地伸出右手，说："小伙子，表现不错！"陈刚赶忙伸手相握，他手心朝下，像铁钳一般握住女主管的手。女主管面露微妙的惊异之色。她心想：这个小伙子太骄傲了。陈刚就这样被女主管从新员工名单中划掉了。

**思考**

1. 陈刚为什么应聘失败了？
2. 在社交场合中，规范的握手方式及注意的问题有哪些？

## 明礼践行

1. 在介绍他人时，介绍的顺序非常重要，如果顺序乱了，就可能给人留下不尊重别人的印象。根据介绍他人的规则，请你说说下列情景中，介绍的顺序是怎样的。

1）在饭局上，李大姐希望把王小姐介绍给张大哥认识。

_____

2）青年教师小明通过朋友想认识退休干部张校长。

_____

3）某公司会计小林被引荐给大型企业的财务总监罗经理。

_____

4）高中生小芳被介绍给张阿姨。

_____

5）小 A 去朋友的朋友家做客，主人是一位年轻教师。

_____

6）林局长偕夫人参加企业的开业典礼，遇到企业的王经理。

_____

2. 因为爸爸工作的调动，琳琳也转入了本市一所中等职业学校读书。今天是她上学的第一天，上课前班主任把她带到教室，如果你是琳琳，你该如何向同学们介绍自己？

_____

_____

_____

_____

# 第二节 交往礼仪

### 谁放的辣椒

哥哥带弟弟到亲戚家去赴宴,弟弟表现不错,亲戚们表扬他有礼貌,弟弟听了心里美滋滋的。

吃饭了,饭菜非常丰盛,这下弟弟忍不住了,他拿起筷子不客气地吃起来。夹菜的时候,他将菜汤滴得满桌都是,还不时地掉几片菜叶。弟弟正吃得津津有味,听到男主人对女主人说:"这道菜不是不让你放辣椒吗,怎么还放啊?"女主人委屈地说:"没有啊,我没放辣椒。"弟弟看着自己筷子上蘸的菜汤和辣椒,不好意思地说:"辣椒是我放的。"

**思考**　案例中弟弟有哪些不符合餐桌礼仪的行为?聚餐时应遵循哪些筷子礼仪和用餐礼仪?

_____

_____

## 一、餐桌礼仪

餐桌礼仪是指吃饭用餐的礼仪。餐桌礼仪主要包括中餐礼仪、西餐礼仪和自助餐礼仪。

（一）中餐礼仪

1）进餐前,应进行适度的个人修饰,注意个人形象整洁、优雅,并准时到达聚餐或宴会地点,切勿迟到、早退。

2）入座时,一般需等主人、主宾、尊长者就座后再入座。入座后,待主人示意开始时,请客人中的长者或主宾先动筷,其他人才能动筷。

3）文明使用筷子。每上一个新菜,应请上级、长辈、客人先动筷子,以表示重视。如果要给长辈或客人夹菜,最好用公筷。如果暂时不使用筷子,应将其整齐地摆放在筷架上或饭碗旁,切不可放在饭碗上。

4）进餐时注意吃相。应闭嘴咀嚼、细嚼慢咽，口含食物时最好不与别人交谈。喝汤时，应用汤匙一小口一小口地喝，不宜把碗端到嘴边喝。汤太热时应等凉凉以后再喝，不要边吹边喝。当食用海鲜、带骨的食物时，注意不要随意将骨头、贝壳、鱼刺等扔在地上或桌上，而应放在骨碟或事先准备好的餐巾纸上，或是放在自己餐桌边上。若忍不住打嗝、打喷嚏等，应侧身并立即向周围的人道歉。

5）餐桌上的餐巾是供进餐者擦拭嘴角和双手时使用的。用餐开始时，方可将餐巾打开，平摊在自己腿上。在正式宴会，切忌用餐巾或餐巾纸擦拭餐具、酒具等物品。水盂是在上龙虾、鸡、水果等时用来洗手指用的，用法是将双手手指尖轮流放入水盂中涮洗，然后用餐巾擦干手指。

6）尽量不要当众剔牙。有必要时，应用另一只手掩住口部；剔牙后，不要长时间叼着牙签，更不要用来扎取食物。

7）喝酒应适可而止，不要劝酒。

8）如果用餐没有结束，但自己用餐完毕，不要随意离席。要等主人和主宾餐毕先起身离席，其他客人才能依次离席。

（二）西餐礼仪

西餐是对西方餐饮的一种统称，其基本特点是用刀叉进食。由于受习俗的影响，西餐的餐具、摆台、酒水菜点、用餐方式、礼仪等都与中餐有较大差别。西餐礼仪最重要的是了解如何正确使用叉、刀、匙、杯、盘与餐巾等。

1. 仪表堂堂，举止文雅

在高级西餐厅用餐时，男士应西装革履，打领带或领结；女士应着礼服，穿戴整齐；从进餐厅开始，应始终坚持女士优先；入座后，上身端直、微前倾，不靠在椅背上，以示对来宾或主人的尊重；在与别人交谈时，应注意说话时嘴里不嚼食物，说话前或喝酒前要用餐巾擦一下嘴角。

2. 正确使用餐巾

在用餐前，主人铺开餐巾，暗示开餐。铺餐巾时，应将餐巾对折成三角形或长方形，开口向外，放在双腿上（注意这一程序应在桌下操作）。用餐时，可用餐巾的一角擦拭嘴角。用餐过程中若想暂时离开座位，可将餐巾搭放在自己的椅背上，表示还要回来；若是自己用餐完毕，则可将餐巾放在餐桌的左侧。注意不要将餐巾挂在胸前，不要用餐巾擦脸和刀叉等，这些都是失礼的行为。

### 3. 正确使用刀叉

在正式西餐宴会上，吃每道菜时都要使用专门的刀叉，不能乱拿。刀叉的正确使用方法是：左手持叉，右手持刀，食指按住刀叉柄，刀与叉呈90°（图5-7）。切肉从左边开始，切一块吃一块，不可切一大块分数口吃，或一次全切开再吃。每次送入口中的食物不宜过多，在咀嚼时不要说话。注意，英式刀叉的用法是始终为左手拿叉，右手拿刀；美式刀叉的用法是切完肉把刀放在盘子上，叉子从左手换到右手，然后用叉子叉起切好的肉。

注意，席间饮酒水或暂时离席时，应将刀叉呈"八"字形搭放在盘边，刀口向内。用餐完毕，则将刀右叉左并排放在盘中，示意服务员可以撤盘（图5-8）。

图5-7　正确持刀叉

（a）还没用餐完别收走

（b）用餐完毕可以收拾了

图5-8　刀叉的暗语

### 4. 正确使用餐匙

餐匙可以饮汤、吃甜品，但不可以舀取其他菜肴。取食时，要适量地将餐匙的前端入口，入口应以食物靠近嘴巴。已用的餐匙，应放在餐盘的右侧。

### 5. 正确吃沙拉、水果和面包

吃沙拉时，应将大片的生菜叶切成小块，或用叉子压住，用刀将叶子一层一层折成小块，以方便食用；吃水果时应把水果切成小块，用叉取食；吃面包时，应用手去取面包，之后掰着吃，并用专用的黄油刀抹黄油。

### 6. 正确享用汤品

用右手握汤匙，汤匙应由内向外舀汤，然后送入口中饮之。若汤盘内的汤所剩不多时，可用左手由内侧托起汤盘，使盘子稍向外倾，然后用手握汤匙舀之。喝汤时避免发出声响，也不要用嘴吹汤。

### （三）自助餐礼仪

吃自助餐时，要排队取菜。通常应先了解情况，领取自用食盘，然后排队自由选食享用。取菜时，应按冷、热、汤、点、甜、果等顺序，按自己的口味适量而取，多次少取为好。取餐时，要用公用餐具将食物装入自己的食盘，并避免挤抢食物，一哄而上。取餐过多造成浪费，或将食品带走等，这些都是失礼的表现。

## 二、馈赠礼仪

《礼记·曲礼上》有言："礼尚往来，往而不来，非礼也；来而不往，亦非礼也。"礼尚往来是人之常情，馈赠礼品是有矩可循的。在日常的社交活动中，我们应该遵循哪些馈赠礼仪规范？

### （一）馈赠礼品的原则

#### 1. 礼物轻重得当

一般来说，礼物太轻，很容易让人误解为不被重视。礼物太重，又会使人感觉承受不起，特别是对上级、同事更应注意。因此，礼物的轻重选择以对方能愉快接受为尺度，力争做到少花钱、多办事，轻重得当。

#### 2. 礼品要有意义

礼物是感情的载体。因此，送礼时要使礼品与心意相吻合，并且力争使要送的礼品非同寻常，令人倍感珍贵。最好的礼品是根据对方的兴趣爱好进行选择的，让对方在接受礼品时，能感受到送礼者的深情厚谊，即送礼要送到心坎上。

#### 3. 了解风俗禁忌

送礼前应了解收礼人的身份、爱好、民族习俗，避免有失礼的地方。例如，中国朋友往来不要送钟（与"送终"谐音），否则会让人觉得不吉利；给伊斯兰教信徒送带有猪形象的装饰画作礼物，可能会让人产生被冒犯的感觉。

#### 4. 送礼间隔适宜

送礼的间隔时间很有讲究，过于频繁地送礼则不合适。一般来说，应选择重要节日、寿诞等时机送礼。

### （二）受礼与答谢礼仪

受礼与答谢是受礼人对馈赠者深情厚谊的肯定，接受礼品时要特别注意以下几点。

### 1. 双手递接

赠送者应双手递上礼品，受礼者也应面带微笑，注视对方，双手接过。如果接过来的是对方的礼品单，则应立即从头至尾细读一遍。

### 2. 表示感谢

双手接过礼品时，应向对方立即道谢。正式场合下，受礼者应用左手托好礼品（大的礼品可先放下），抽出右手来与对方握手致谢。

### 3. 欣赏礼品

收下礼品时，一般应赞美礼品的精致、优雅或实用，夸奖赠礼者的周到和细致，并伴有感谢之意。在许多西方国家，受礼者在收到礼品称谢之后，大多习惯立即把礼品拆开，打开欣赏并适当加以赞赏，在涉外交往中接受礼品时，应加以注意。

### （三）拒收礼仪

生活中经常会出现这样的情况，别人送礼可是自己不能收，或者不方便收，应该如何处理？

1）要婉言相告。受赠人应该采用委婉的、不失礼貌的语言，向赠礼者暗示自己难以接受礼品。例如，当他人向自己赠送手机时，可以说："我已经有一台了，谢谢！"

2）可采取直言缘由法，即向赠礼者说明自己难以接受礼品的原因。在公务交往中拒绝礼品时，此法尤其适用。例如，拒绝别人所赠的大额现金时，可以说："我们有规定，接受现金馈赠一律按受贿处理。"

同时，在回绝的方式上不仅可以当面谢绝，还可以采用事后归还法。但要注意的是，事后归还应该在 24 小时内送回去。

**想一想**

**张冠李戴的小林**

同事小林喜迁新居，邀请同事到家里做客。同事们都精心挑选了礼品，周末一大早一起去小林家。到了小林家，小林和家人热情地招待大家，并邀请大家参观新居，回答大家一个又一个关于购房、装修的问题，忙了好一阵子才坐下来。大家带来的礼品都摆在一起，也没时间去看。

周一上班，小林就逐一感谢送礼的同事，大家都很客气、很开心。后来小林跟我说："你送的油画太漂亮了，我很喜欢。"我愣住了，因为小林说的油画并不是我送的。看着小林一脸的真诚，我也不好说什么。心里只好自我安慰，至少小林还记得我那天送过礼。

对于小林的张冠李戴，你有什么启发？你平时有没有与家里人一起买过礼品或送过礼品？分享你的经历和感受。

## 三、交通礼仪

在日常生活中，不论是个人行走，还是乘坐公共交通工具，我们都需要自觉地遵守相关的礼仪规范。

### （一）行走礼仪

#### 1. 遵守交通规则

走路应该走人行道，并在右侧行走。过马路要走人行横道，并等绿灯亮起时再快步走过，不要随便乱穿、乱跑，更不要纵身跨越马路间的隔栏。

#### 2. 遇人主动礼让

行人之间要互相礼让，遇到老、幼、病、残、孕者要照顾他们。人群特别拥挤的地方，要有秩序地通过，万一不小心撞了别人或踩到别人的脚，要主动道歉。如果是别人踩到自己的脚或碰掉了自己的东西，应表现出良好的修养，切不可口出恶言、厉声责备。

#### 3. 走路专心致志

走路时要目光直视，不要左顾右盼、东张西望。男性遇到不相识的女性，不要久久注视，甚至回头看，这样显得极为不礼貌。

#### 4. 不能边走边吃

走路时不要边走边吃东西，这既不卫生，也不雅观。如确实是肚子饿或口渴，也可以停下来，在路边找个适当的地方，吃完后再走路。走路时要注意爱护环境卫生，不要随地吐痰、随手抛弃杂物。

#### 5. 路遇熟人要打招呼

行走时遇见熟人，要主动打招呼，互相问候，不能视而不见，把头扭向一边，与其擦肩而过，这是最基本的礼貌要求。但也不宜在马路上说个不停，否则会影响他人行走。

（二）乘坐电梯礼仪

电梯是日常生活或工作中常乘坐的工具，乘坐电梯时要注意相关的礼仪规范，做一个有素质的公民。

1. 日常乘坐电梯礼仪

1）等候电梯时，不要站在电梯门口正前方，以免阻碍别人的出路。

2）电梯到达时，应遵循先出后入的原则，等电梯里的人全部出来后，外边等候的人再进去。

3）靠电梯最近的人先上电梯，然后为后面进来的人按住"开门"按钮。当出去的时候，靠电梯门最近的人先下。男士、晚辈或下属应站在电梯开关按钮处提供服务，并让女士、长辈或上司先行进入电梯。在电梯里尽量站成"凹"字形，留出空间，以便让后进入者有地方可站。

4）进入电梯后，应正面朝向电梯口站立，以免造成面对面的尴尬。不抽烟、不大声说话、不乱丢垃圾，尽量保持电梯内安静、整洁。

5）如果有陌生人或客户，应该让他们先进电梯，看见有人赶电梯，要帮其开门，如果已经满员，要向其说明。

2. 乘坐自动扶梯礼仪

乘坐自动扶梯时，应靠右侧站立，手扶着传送带，空出左侧通道，以便有急事的人通行；应主动照顾同行的老人与小孩踏上扶梯，以防跌倒；如需从左侧急行通过时，应向给自己让路的人致谢。

（三）乘坐公共汽车礼仪

公共汽车是人们最常用的交通工具，乘坐公共汽车时应讲究以下几点礼仪规范。

1. 依次上车

上车时，应自觉排队等候，依次上车。上车时，如果前面有老、弱、病、残、孕等需要照顾的人员，应先让他们上车。上车后应尽量往车厢内移动，如果没有座位，一定要站稳扶好。不要堵在车门口，以免妨碍后面的乘客上车。

2. 主动购票

最好先准备好零钱或公交卡，减少买票时间。如乘坐无人售票车时，应将事先准备好的钱币自觉投入箱内。

### 3. 互谅互让

在车上遇到老、弱、病、残、孕乘客时，应主动让座。当有人给自己让座时，要立即表示感谢。

### 4. 举止文雅

在车上不吸烟、不随地吐痰、不乱扔果皮和纸屑，不要在车内高声喧哗、高谈阔论。如果需要和朋友聊天，应控制好音量。在车内拨打、接听电话也应音量适中，尽量不要太吵闹。

### 5. 规范下车

下车之前，提前做好准备，不要遗忘随身携带的物品。有些公交车是前门上车，后门下车，请按规定上下车。如果没有这个规定，请按先下车后上车顺序进行乘车。

### （四）乘坐轿车礼仪

随着社会经济的快速发展，轿车成为人们常用的交通工具之一，熟悉乘坐轿车的礼仪规范，也越来越重要。

### 1. 上下车礼仪

一般情况下，上下轿车时应该遵循方便为上、安全为上、尊重为上的规则。如果主人陪同客人同乘一辆轿车，应先请客人上车。具体做法是主人应先为客人打开右侧后门，并以手挡住车门上框，以防客人碰到头，待客人坐好后，方可关闭车门，谨防车门夹到客人的手或衣服。然后主人再从左侧后门上车。到达目的地后，主人应先下车，为客人打开车门，同样要注意防止客人碰撞车门上框。此外，男士和晚辈应注意照顾女士和长辈。

女士上下车时最好采用背入式上车或正出式下车，即上车时将身子背向车厢入座，坐定后随即将双腿并拢，收入车厢；如穿长裙，在关门前应先将裙子整理好（图 5-9）。准备下车时，应将身体尽量移近车门，车门打开后，先将双脚踏出车外，然后将身体重心移至双脚，头部先出，然后再把整个身体移出车外（图 5-10），这样可以有效地避免"走光"，也会显得姿态优雅。

图 5-9　上车姿态（背入式）

图 5-10 下车姿态（正出式）

## 2. 座次礼仪

乘坐小轿车时，座次的具体排列因驾驶员的身份不同具体分为以下两种情况。

1）由车主亲自驾驶轿车。一般前排座为上，后排座为下；以右为上、以左为下。双排五座轿车排序依次为：副驾驶座、后排右座、后排左座、后排中座（图 5-11）；三排七座轿车排序依次为：副驾驶座、中排右座、中排左座、后排右座、后排左座、后排中座（图 5-12）。若只有一个人乘车，必须坐在副驾驶座上；若多人乘车，必须推举一个人在副驾驶座上就座，否则就是对主人的失敬。若男士驾驶自己的轿车时，则其夫人一般应坐在副驾驶座上；若主人驾车送其友人夫妇回家时，友人之中的男士应坐在副驾驶座上，与主人相伴，而不宜形影不离地与夫人坐在后排。

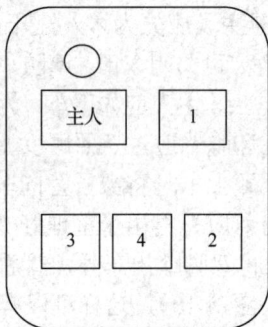

图 5-11 双排轿车座次 1

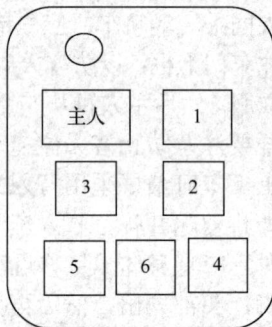

图 5-12 三排轿车座次 1

2）由专职司机驾驶轿车。通常讲究右上左下，但座次同时变化为后排为上，前排为下。双排五座轿车排序依次为：后排右座、后排左座、后排中座、副驾驶座（图 5-13）。三排七座轿车排序依次为：中排右座、中排左座、后排右座、后排左座、后排中座、副驾驶座（图 5-14）。

根据常识，轿车的前排，特别是副驾驶座，是车上最不安全的座位。因此，按惯例该座位不宜请女性或儿童就座。

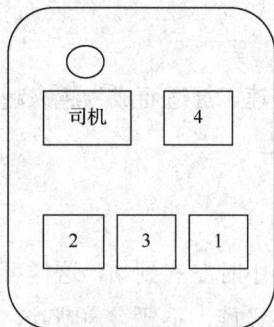

图 5-13　双排轿车座次 2

图 5-14　三排轿车座次 2

注意，在遵守礼仪规范的同时还要尊重客人的生活习惯和认知水平。如有时客人在并非出于谦让的情况下坐错了位次，即坐在了下位，而这种错误又不影响别的客人，我们就应当将错就错，尊重他的选择，而不必告诉对方坐错了位置。这就是商务礼仪中通常说的客人坐的位置即为上的道理。

## 案例分析

### 王先生为什么没有被重用？

王先生年轻肯干，总经理有意提拔他。一次，总经理要去省城开会，便带了王先生和公关部杜经理一起去。由于司机小张出差尚未回来，所以他们搭乘董事长的轿车一同前往。

上车时，王先生打开了前车门，坐在驾车的董事长旁边的位置上。路上，为活跃气氛，王先生说："董事长驾车的技术不错，有机会也教教我们，如果员工都会开车，办事效率肯定会更高。"董事长专注地开车，不置可否，其他人均无应声，王先生感到没趣，便也不再说话。到达后，王先生悄悄问杜经理："领导好像不高兴啊？"杜经理告诉他原委，他才恍然大悟。会后从省城返回，司机小张赶到并由他驾驶轿车，王先生想，这次不能再犯类似的错误了。于是，他打开前车门请总经理上车，总经理坚持要与董事长一起坐在后排，王先生诚恳地说："总经理，您如果不坐前面，就是不肯原谅我的失礼之处。"他坚持让总经理坐在前排才肯上车。回到公司，同事们都猜测总经理肯定会提拔他。然而，提拔之事却一直没有人提及。

到达省城时杜经理告诉王先生原委是什么？回程路上王先生做得对吗？为什么王先生没有被提拔？

（五）乘坐火车礼仪

随着我国铁路运输业的快速发展，火车以安全、快速、舒适而成为越来越多人出行的选择，所以我们也很有必要熟悉乘坐火车的文明礼仪。

1. 提前到站，文明候车

因火车停靠时间短，乘客要提前到站，建议提前一小时左右到站，这样可以保证正常的进站候车。在候车厅等候时，要爱护候车室的公共设施，不要大声喧哗，携带的物品要放在座位下方或前部，不抢占座位或多占座位，不要躺在座位上使别人无法休息。保持候车室内的卫生，不要随地吐痰，不要乱扔果皮纸屑。

2. 排队检票，有序上车

检票时要自觉排队，不要插队。进入站台后，要站在安全线以内等候。等火车停稳后方可在指定车厢排队上车。上车时，不要拥挤、插队，应有次序地进入车厢，并按要求放好行李。行李应放在行李架上，不应放在过道或小桌板上。

3. 对号入座，举止文明

上车后要对号入座，面对老、弱、病、残、孕乘客要懂得礼让和帮助。当身边有空位时，应尽量让给没有座位的人，切莫多占座位。男士不可随意脱掉上衣，赤膊上身，否则会造成周围乘客的不适。不要脱掉鞋子，伸出脚搁在对面座位上，这是不雅之举，也是对对面旅客极大的不尊重。自觉维护车内环境卫生，垃圾投入垃圾袋（箱）内。

4. 文明用餐，言谈得体

在火车上最好不吃有刺鼻气味的食品，垃圾应装在垃圾袋里。如去餐车用餐，就餐人多时，应耐心排队等候。用餐时不要大吃大喝、猜拳行令。用餐完毕，即刻离开，把节省的时间让给他人。在车厢内请勿吸烟。聊天要慎选话题，可以谈论天气、民俗、娱乐信息等，避免谈论过多的政治、隐私等内容，更要避免喋喋不休、高谈阔论。如遇晚上休息时间，旅客之间在交谈时应降低说话的音量，以免打扰到其他乘客的休息。

5. 提前准备，有序下车

下车时，要提前做好准备，并自觉排队等候，不要拥挤。如果与他人一路相谈甚欢或他人帮助过自己，下车时要与其道别。出站时要主动出示车票，以便查验。

（六）乘坐飞机礼仪

随着我国航空业的快速发展，飞机也成为人们日常生活中主要的交通工具之一，那么乘坐飞机时应该遵循哪些礼仪规范？

1. 登机前

1）通常应提前两小时到达，如耽误了登机时间，不仅会造成全机人员的不方便，也会延误大家的行程。行李最好整理好一起托运，不要大包小包，这样一方面不方便登机，另一方面也影响了自己的形象。

2）上机时不得携带有碍飞行安全的物品，如不得携带刀具及其他武器；不得携带易燃、易爆、剧毒、放射性物质等危险物品。

3）登机时应当认真配合例行的安全检查。在进行安检时，每位乘客都要通过安全门，随身携带的行李需要通过检测机器。

2. 登机后

1）进入机舱后，应将登机牌交给乘务员过目，以便为自己指引座位方向，或让乘务员带领自己入座。手提行李不要到处乱放，应保持通道畅通，男士应主动帮助邻近的女士放置行李。

2）入座后，要查看自己的手提电脑和手机是否关机，以免干扰航空信号。

3）飞机起降时，座椅靠背务必放直，收起小桌板，并将安全带扣紧。

4）在飞机上不要谈论乘务员和撞机等空难事件，因为乘飞机的人或多或少都对空中飞行有一些恐惧心理，此时谈论会非常惹人厌恶。

5）在飞机上吃东西不要发出声响。就餐时，要把靠背放直，以方便后座的人用餐。

6）不随地吐痰，垃圾应投入垃圾袋内，自觉维护客舱内环境卫生。

3. 下机时

1）下飞机前，要归还飞机书报袋内的杂志。

2）飞机降落、信号灯未熄灭前不要站立，不要随意走动拿行李，应等乘务员通知后再按次序开箱拿行李，耐心地按顺序下机。

## 明礼践行

1. 国庆节到了，北京的好朋友邀请你去北京旅游，你需要关注哪些交通礼仪规范？你能具体复述下来吗？

_____

_____

_____

2. 同学们有没有看过陈佩斯和朱时茂的小品《吃面条》，他们的小品演得非常幽默生动，请同学们分小组也试着自编自导自演一个跟饮食有关的小品，并总结出我们日常应该遵循哪些餐饮礼仪。

_____

_____

_____

# 第三节　职场礼仪

### 案例说礼

**如此行为，你怎么看？**

赵刚做好了一份报告，在办公室的电脑桌前站起来，看到旁边忙着刷微信朋友圈的小李，问道："小李，有没有听说小黄要晋升了？听说他周末经常去领导家拜访。"小李一听这句话提起了精神："是吗？你是怎么知道的？"赵刚得意地说："我朋友家刚好在领导家附近，我上周末去朋友家做客，听朋友说的，原来小黄经常拜访领导，怪不得他能晋升呢！"小李放下手机，叹了一口气，摇摇头说："哎，看来现在要想晋升，就要与领导多接触啊！"

**思考** 赵刚和小李的行为符合办公室礼仪吗？为什么？

_____

_____

## 一、办公室礼仪

办公室是一个处理公司（单位）业务的场所。办公室礼仪不仅是对同事的尊重和对公司文化的认同，更重要的是每个人为人处世、礼貌待人的最直接表现。在办公场合，我们应该遵循哪些礼仪规范？

### （一）办公室服饰礼仪

在办公室上班时，应尽量穿着工作服。男士适宜穿黑、灰、蓝三色的西服套装，不能穿背心、短裤、凉鞋或拖鞋，更不适合赤脚；女士最好穿西装套裙、连衣裙或长裙，不宜把露、透、短的衣服穿到办公室，否则使内衣若隐若现很不雅观，首饰佩戴也以简为佳。休闲装、运动装、旅游鞋适合郊游、室外活动，不适合办公室。

### （二）办公室举止礼仪

#### 1. 称呼恰当

对同事要使用恰当的称呼，言谈要考虑到所在场合和对方的身份及感受。同事之间应以姓名相称。对上司和前辈则可以用"先生"或其职务来称呼。要尽量避开敏感话题，不背后谈论是非，不对他人评头论足，不互相推诿责任，不打探别人的隐私，不长时间拨打或接听私人电话，以免引发矛盾。

#### 2. 举止文明

注意保持办公环境的整洁，主动打扫卫生。在走廊走路时要放轻脚步，不能边走边大肆说笑或唱歌、吹口哨。遇到上司或者客户要礼让，不能抢行。不要在办公室里吸烟，不与同事谈论薪水、职位升降或他人隐私。遇到麻烦事，要首先报告给直接上司，切莫诿过或越级上报。不要在工作时间干私活。如遇办公室来客，要热情接待，及时通报。

### （三）个人工作礼仪

1）接受工作指示时记录好要完成的工作要点，并按要求完成。
2）正确理解工作指示，若不清楚、不明白，要询问清楚了再去做。
3）如需外出应跟主管打招呼，并说明外出的原因及时间等。
4）参加会议应认真听讲并做好相关的会议记录。
5）办公室里接打电话应遵循电话礼仪。
6）使用电子邮件应注意礼貌用词，内容应简单明了、言简意赅。收到邮件后应及时回复或设置自动回复。

## 二、电话礼仪

电话礼仪指在日常生活中人们接打电话时所需要具备的礼仪。科学技术的发展和人们生活水平的提高，使电话的普及率越来越高，人们每天要接打大量的电话。电话日益成为人们沟通的桥梁。因此，掌握正确、礼貌的接打电话方法是非常必要的。

（一）电话礼仪基本规范

接打电话（图 5-15）大有讲究，可以说是一门艺术，具体来说应该遵循以下礼仪规范。

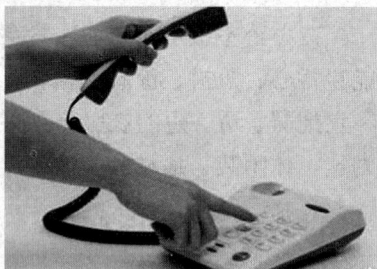

图 5-15　接打电话

1. 迅速准确地接听

电话铃声响起，应迅速准确地拿起听筒，最好在三声之内接听。若长时间无人接听或让对方久等是很不礼貌的。如果电话铃响了五声以上才拿起话筒，应该先向对方道歉。

2. 保持正确接打姿势

接打电话时，坐姿端正，所发出的声音也会亲切悦耳，充满活力。若弯腰、躺在椅子上等，对方能听出你的声音是懒散的，无精打采的。另外，拨打电话时绝对不能吸烟、喝茶、吃零食，即使对方看不见，也要当作对方就在眼前，尽可能注意自己的姿态。

3. 重要的第一声问候

接听电话时要以愉悦的心情、清晰明朗的声音给对方留下良好的印象，同时也树立起自己良好的形象。先向对方问候，再自报家门，并以谦恭友好的语气，聚精会神地接听电话。

4. 心情愉快

由于面部表情会影响声音的变化，所以打电话时要保持良好的心情，这样即使对方看不见你，也会被你欢快的语调所感染，给对方留下极佳的印象。

5. 了解来电的目的

接电话时要尽可能问清事由，避免误事。首先应了解对方来电的目的，如自己无法处理，应认真记录下来。

### 6. 认真清楚地记录

应随时牢记 6W 技巧，6W 指的是 when（时间）、who（对象）、where（地点）、what（内容）、why（事由）、how（方法）。如果在打电话前做好这六个方面的准备，或者在接电话时记录好这六个方面的内容，就会使电话记录简洁、完备而高效，避免通话时缺少条理、丢三落四的情况。

### 7. 礼貌挂电话

要结束电话交谈时，一般应当由打电话的一方提出，然后彼此客气地道别，说一声"再见"，再挂电话，不可只管自己讲完就挂断电话。一般情况下，公务电话让客户先挂断。

（二）接打电话注意事项

### 1. 选好时间

打电话时，如非重要事情，尽量避开受话人休息、用餐的时间，且最好不要在节假日打扰对方。

### 2. 确认对方身份

对方打来电话，一般会自己主动介绍。如果没有介绍或者没听清楚，应主动询问："请问您是哪位？""我能为您做什么？""请问您找哪位？"等，如果对方要找的人不在，应告诉对方，并且说："需要留言吗？我一定转告。"

### 3. 掌握时间

打电话前，最好先想好要讲的内容，以便节约通话时间，不要现想现说，通常一次通话不应长于三分钟。

### 4. 语言规范

通话之初，应先做自我介绍。请受话人找人或代转时，应说"劳驾"或"麻烦您"，不要认为这是理所应当的事情。

### 5. 讲究艺术

接听电话时，应注意使口和话筒保持四厘米左右的距离；要把耳朵贴近话筒，仔细倾听对方的讲话。最后，应让对方结束电话，然后轻轻把话筒放好。

### 6. 左手接听

左手接听便于右手随时记录有用信息，如图 5-16
所示。

图 5-16  左手接听电话

## 三、手机礼仪

手机的使用在日常生活中越来越普遍，正确、规范
地使用手机非常重要。

### （一）手机放置的常规位置

在公共场合，在没有使用手机时，应将其放在合乎礼仪的常规位置，如随身携带的
包内或上衣内侧口袋里，不要一直拿在手里或挂在脖子上。

### （二）注意使用场合

1）在要求"保持安静"的公共场所（如音乐厅、美术馆、影剧院等）参观展览或
观看演出时，应关闭手机，或将手机设置为静音状态。

2）在明确标出禁止拍照的地方不要拍摄、标记和分享未取得他人同意的照片。

3）驾驶汽车时，不要使用手机通话或查看信息，以免分散注意力，造成交通事故。

4）不要在加油站、油库等处使用手机，以免手机所发出的电磁波引起火灾、爆炸。

5）不要在病房内使用手机，以免手机信号干扰医疗仪器的正常运行，或者影响病
人休息。

6）不要在飞机飞行期间使用手机，以免给航班带来危险。

7）给别人打电话应注意时间，中午休息时间、晚上 10 点以后勿给他人打电话，以
免影响他人休息。

### （三）注意通话方式

在人员较多的场合（如地铁、公交车等），切忌旁若无人地大声通话。正确的做法
是应该侧身通话，或找个僻静的场所交谈。在大街上或其他公共场合通话时，最好不要
边走边谈。

### （四）尊重他人隐私

手机内包含个人隐私，为了尊重他人，体现自己的涵养，不要翻看他人手机中的任
何信息，包括通讯录、短信、通话记录等。

## 四、面试礼仪

面试是通过招聘者与求职者双方面对面地观察、交谈等双向沟通方式来确定是否录用求职者的一种人才选拔技术。面试时，你的一举一动、一言一行，都让招聘者尽收眼底。所以在面试时，应有礼貌、讲仪表。

### 案例分析

**请你给小凤"把把脉"**

小凤想应聘服装公司办公室助理一职。她认为服装公司的人要时尚一些，所以她格外注重自己的衣着打扮，特意买了当前最流行的衣服，还做了一个非常时尚的发型。面试这天早晨，她又特地早起，化了一个有个性的妆容，还在衣服上配了很多饰品，自认为非常完美，心情愉悦地出发了。

到达服装公司后，她在面试间外，旁若无人地与周围的人闲聊。进入面试间后，她没等面试官许可就直接坐在椅子上，跷起二郎腿，一副势在必得的样子。当面试官问话时，她不停地摆弄自己衣服上的饰品，对没有准备好的问题，她支支吾吾，犹豫不决，用口头语拖延时间。

**思考** 小凤这次的面试能成功吗？如果不能，你认为她应该在哪些方面进行改正？你认为面试过程中应如何设计自己的形象？

_____

_____

面试官对求职者的考查，语言交流只占了小部分，眼神交流和求职者的气质、形象、身体语言占了绝大部分，所以求职者在面试时不仅要注意自己的外表及谈吐，而且要注意避免谈话时做出很多下意识的小动作和姿态。

### （一）面试前的准备工作及礼仪规范

**1. 搜集相关资料**

要尽可能地搜集面试公司的相关资料，让自己在短时间内对公司有个大概的了解，以免在面试中出现一问三不知的情况。

## 2. 服饰穿着得体

面试时服饰穿着总体上要做到整洁、大方、得体，要符合大众的审美观及大多数用人单位对求职者的共同要求（图5-17）。因此，男士一般穿西装、打领带；女士穿套裙或干练的职业装，避免无袖、吊带等过于性感的着装，身上的饰品不可过多。应届毕业生允许有一些学生气的装扮，可以穿偏休闲类套装。

图 5-17　服饰穿着大方得体

## 3. 准备证件资料

准备好自己的毕业证、简历、资格证书等一系列有效证件，以便面试官查看时，自己可以随时拿出来证明自己的成绩。

## 4. 适时到达面试地点

面试时，提前 10～15 分钟到达为最佳。提前半小时以上、迟到或者匆匆忙忙赶到都会被视为没有时间观念。如果路程较远，应早点出门，但早到后不宜立刻进入办公室，可在附近等候。

### （二）面试时的礼仪

#### 1. 进屋时机

如果没有人通知，即使上一个求职者已经面试结束，也应该在门外耐心等待，不要擅自走进面试房间。当自己的名字被喊到，先回答"是"，然后再敲门进入，敲两三下较为标准。敲门时力度适中，里面听得见即可。

#### 2. 眼神交流

求职者应与面试官有恰当的眼神交流。如果多个面试官在场，要经常用目光环视一下其他人，以示尊重和平等，给面试官留下一个专注于倾听和交流的印象。

### 3. 专业化握手

当面试官的手朝你伸过来时，你也应该伸手相握。握手要坚实有力，要目视对方。注意不要太用力，不要使劲摇晃，不要用两只手握手。握手时，手应当是干燥、温暖的，如果手心发凉，可用热水暖手。

### 4. 坐姿端正

进入面试室后，在没有听到"请坐"之前，绝对不可以坐下，等面试官告诉"请坐"时才可坐下，坐下时应道声"谢谢"。最好坐满椅子三分之二，上身挺直，这样显得精神抖擞。保持轻松自如的姿势，身体要略向前倾，把手自然地放在腿上。

### 5. 不做小动作

在面试时不可以做小动作，如折纸、转笔，这样会显得很不严肃。不要乱摸头发、胡子、耳朵，这可能会被理解为你在面试前没有做好个人卫生。用手捂嘴说话是一种紧张的表现，应尽量避免。

### 6. 谈吐得体

面试时对所提出的问题要对答如流、恰到好处，又不夸夸其谈。谈吐上应把握以下几个要求。

首先，要突出个人的优点和特长，并有相当的可信度。言语要概括、简洁、有力，不要拖泥带水、轻重不分。

其次，要展示个性，使个人形象鲜明，可以适当引用别人的言论，如用老师、朋友的评论来支持自己的描述。

再次，坚持以事实说话，少用虚词、感叹词。要注意语言逻辑，介绍时层次分明、重点突出。

最后，尽量不要用简称、方言、土语和口头语，以免对方难以听懂。

### （三）面试后的礼仪

面试结束后，无论是否被录取，我们都应该礼貌相待。面试结束后，我们应该对用人单位的人事主管抽出宝贵时间面试表示感谢，并且表示期待着有进一步面谈的机会。这样既保持了与用人单位人事主管的良好关系，又表现出自己杰出的人际交往能力。当用人单位最后考虑人选时，能增加自己成功的概率。

面试结束后，应以握手的方式同面试官道别。离开面试室时，应把刚才坐的椅子扶正到刚进门时的位置，再次致谢后出门。经过前台时，要主动与前台工作人员点头致意、道谢告别。

面试之后回到家里，应该仔细记录整个面试的经过，将每个面试提问、每个细节记在面试记录手册里。面试成功与否并不是最重要的，最重要的是从每一次面试中分析自己的不足，学到经验，这样才会逐渐进步。

**测一测**

### 测试你潜在的能力和适合的职业

你去一家大型公司面试，面试官忙着整理手头的文件，请你先在一旁休息，可你发现办公室里并没有椅子，这时你会怎么办？

1）规规矩矩地站在一旁，一直等到面试官办完事再说。

2）很有礼貌地对面试官说："对不起，先生，这儿并没有椅子。"

3）先答应"好的"，然后手足无措地呆立在一旁。

4）"可是这里并没有椅子啊？"直截了当地说出来。

5）直接走出办公室，去找一把椅子进来。

**测试结果：**

1）选择第一种方法。工作当中你有很好的适应性，不做惊人的言论，领导能力较差，只适合计算、看管等机械性的工作。

2）选择第二种方法。你虽然认真地把对方不合理的要求指出，但是你同时也考虑到对方的立场，属开拓型领导人才。

3）选择第三种方法。工作当中你有很好的服从性，缺少自主性，领导能力较差，只适合简单的重复性工作。

4）选择第四种方法。你适合做业务员和推销员，有积极的推销才能，性格坚韧，勇于向目标挑战。

5）选择第五种方法。你的反应非常特殊，你的言语行为是超前的，你的猜测力很强，但有时会多管闲事。

## 明礼践行

1. 雅静是马上就要走上工作岗位的文秘专业的毕业生。她看中了一个非常有发展前途的外贸公司，刚好外贸公司在招一位办公室助理，下周就要面试了，雅静不知道该怎么办。雅静应该做好哪些方面的准备？

_____

_____

_____

2. 明天就是面试的时间，雅静非常紧张，不知道如何面对面试官。她想进行一次情景模拟，请你配合她分别扮演面试官和求职者，结合所学知识和你对行业要求的了解，设计面试场景和情节，进行模拟面试练习。

_____

_____

_____

## 本 章 小 结

社交礼仪是社会交往中使用频率较高的礼节。一个人要想让别人尊重自己，首先要学会尊重别人。掌握规范的社交礼仪，不仅可以显示出一个人的品格修养和家庭教养，而且能为交往创造出和谐融洽的气氛。

## 知 识 乐 园

第五章知识乐园答案

一、单项选择题

1. 李老师属于_____。
   A. 职务性称呼                 B. 职称性称呼
   C. 职业性称呼                 D. 性别称呼

2. "你好，我叫李青，是××旅行社的导游，我来自美丽的杭州西子湖畔，跟陈总可以算得上是半个老乡……"这是属于_____自我介绍。

    A. 工作式         B. 交流式         C. 礼仪式         D. 应酬式

3. 打电话时应掌握通话时间，通常一次通话应不长于_____分钟。

    A. 1             B. 2             C. 3             D. 5

4. 你的朋友新开了一家公司，为了祝贺新店开张，你可以给他送去_____。

    A. 鲜花         B. 烟酒糖果         C. 水果         D. 现金

5. 面试时，最好提前_____到达。

    A. 5～10 分钟         B. 10～15 分钟         C. 半小时         D. 1 小时

## 二、多项选择题

1. 下列符合面试礼仪规范的是_____。

    A. 面试时，如果上一个求职者已经面试结束，就可以走进面试房间面试了

    B. 如果面试官有好几个，应该采用环视的眼神关注

    C. 当走进面试房间时，为表示自己的热情，可以先伸手与面试官握手

    D. 进入面试房间坐下时，最好坐满椅子的三分之二，上身挺直

    E. 在面试时不可以做小动作，如摸衣角、摸头发等

2. 下列符合接打电话礼仪规范的有_____。

    A. 打电话尽量避开受话人休息、用餐、节假日的时间

    B. 接公务电话时，右手拿听筒，方便接听

    C. 打通电话，应先做自我介绍，请对方找人时说"劳驾"或"麻烦您"

    D. 接听电话时，应注意使口和话筒保持四厘米左右的距离

    E. 在工作场合，电话结束时，谁先挂电话都可以

3. 馈赠礼品时，必须考虑到自己与受赠对象之间的关系，不同的关系应当选择不同的礼品。以下表述正确的有_____。

    A. 玫瑰是送给女友或爱人的佳礼

    B. 书籍是送给学生的佳礼

    C. 文房四宝是送给书法爱好者的佳礼

    D. 新颖启智的玩具是送给孩子们的佳礼

    E. 乐器是送给音乐爱好者的佳礼

4. 以下握手表述正确的有_____。

    A. 不要戴着手套或戴着墨镜与人握手

    B. 当右手拿着东西不方便握手时，可以用左手握手

C. 多人同时握手时，注意不要交叉握手

D. 刚洗了手见到客人要马上跟他握手，以免怠慢客人

E. 不要坐着与别人握手

5. 以下属于职业性称呼的有_____。

A. 校长　　　　　　B. 老师　　　　　　C. 医生

D. 会计　　　　　　E. 教授

## 三、判断题

1. 将未婚女子称为"夫人"，属于错误称呼中的误读现象。　　　（　　）

2. 递送名片时，应当不分职务高低。　　　（　　）

3. 进餐时要细嚼慢咽，不要发出声音，口含食物时最好不与别人交谈。　（　　）

4. 当专职司机驾双排五座轿车时，以后排右座为尊。　　　（　　）

5. 想什么时候给他人打电话都没关系。　　　（　　）

## 四、简答题

1. 在日常生活中手机礼仪越来越重要，使用手机时应遵循哪些礼仪规范？

2. 名片是每个人最重要的书面介绍材料，递送名片时应该遵循哪些礼仪规范？

3. 握手礼是当今世界最流行的礼节，请你写出握手的标准方式。

## 五、案例分析题

　　秘书小魏今天刚到公司上班，被安排在办公室接电话的工作岗位上。第一次电话铃声响起，他紧张地抓起电话，声音急促地问："喂，你找谁？"来电是找行政部经理的，他把电话转给了行政部经理。第二次接电话时，发现对方打错了，小魏告诉对方："你打错了。"然后就挂上了电话。旁边的同事告诉他，这样接电话不规范。下午电话铃又响了，小魏拿起话筒，听对方说："请李总接电话。"小魏解释道："李总和专利公司的张总打保龄球去了。"对方问："你知道李总的手机号码吗？"小魏热情地帮他查了号码，并在对方的道谢声中说了声再见。他觉得自己这次做得很全面。第二天，李总上班后，走进办公室，大声呵斥小魏，批评他不应该在未了解情况下就把电话号码给了别人，不仅泄露了公司机密，还干扰了生意。小魏感到无地自容。第三天，小魏就因不适应办公室工作，被调离了岗位。

　　思考：

　　小魏为什么被调离了办公室岗位？这三个电话应该怎么接听才符合规范？除此之外，在工作场合还应该遵循哪些电话礼仪？

# ▶ 活 动 项 目 ◀

**活动主题：**见面会

**活动场地：**礼仪教室

**活动工具：**名片

**活动目标：**能根据实际情况正确使用人际交往四要素——称呼、介绍、握手、名片的礼仪规范，练习各要素之间的协调性。

**活动内容：**将见面时涉及的各要素进行组合，二人一组，互换角色进行综合训练，进行点评。

**活动情景：**赵经理跟他的合作伙伴李主任第一次见面，双方进行握手、称呼、自我介绍、交换名片。例如，"您好！赵总，我是××，这是我的名片，请多多关照。"

**活动反馈：**_____

_____

_____

# 第六章

## 有礼有节——熟悉涉外礼仪

### 知识导航

**知识目标** 了解和掌握涉外礼宾次序、国旗悬挂和涉外宴请等涉外礼仪基本知识。

**技能目标** 学会合理安排礼宾次序、悬挂国旗、宴会安排，避免涉外交往中的尴尬局面和失礼之处。

**素养目标** 树立学生礼仪规范意识；培养学生爱岗敬业、细心踏实、思维敏捷、善于变通、勇于创新的职业精神。

# 第 一 节  涉 外 礼 仪

**丢了工作的杨阿姨**

杨阿姨在一位外国专家家里做保姆，因为工作勤快，赢得了专家夫妇的信任。时间一长，杨阿姨像对待老朋友那样，经常询问夫妇俩外出去哪里活动、逛什么商店、买什么东西，还提出不少个人建议。结果，外国专家反而把杨阿姨辞退了。

**思考** 外国专家为什么要辞退杨阿姨？

_____

_____

随着社会的进步和时代的变迁，人们的社交活动范围也越来越广阔，逐步走向国际舞台。在涉外交往中，个人的礼仪修养已经不仅代表个人形象，更多地扩展为体现国家的形象和尊严。因此，了解一些涉外交往的基本知识、学习一些外事礼仪，对于维护国家和个人的形象有着积极的意义。

## 一、涉外礼仪概念

涉外礼仪，是涉外交际礼仪的简称，即中国人在对外交际中，用以维护国家及自身形象，对所交往对象表示尊敬与友好的约定俗成的习惯做法。

## 二、涉外礼仪的原则

在长期的经济文化交往中，世界各国逐步形成了国际交往中以礼相待、礼尚往来的国际惯例和涉外礼宾规则。在涉外活动中，应当遵循的礼仪原则如下。

### （一）不卑不亢原则

不卑不亢原则是涉外礼仪的一项基本原则。每个人都必须意识到自己在外国的一言一行代表着国家、代表着民族、代表着自己所在单位。因此，你的言行应当从容得体、堂堂正正，要以自尊、自重、自爱和自信为基础，在外国人面前既不低三下四，也不狂妄自大、盛气凌人。

（二）求同存异原则

世界各国的礼仪与习俗都有本国特色，存在着差异性。在涉外交往中，对于这样的差异性，重要的是要了解这些差异，要遵守求同存异原则。"求同"就是要遵守礼仪的共性，在礼仪的应用上遵守惯例。"存异"是指不可忽略礼仪的个性。例如，在人际交往中，握手礼可以说是国际通用的见面礼节，这是礼仪的共性，但是泰国人见面时的合十礼，中国人的拱手礼，日本人的鞠躬礼，欧洲人的吻面礼、吻手礼和拥抱礼等却是礼仪的个性。以共性为基础寻找个性是涉外交往中的重要法则。

（三）入乡随俗原则

"入境问禁，入国问俗，入门问讳"，在涉外交往之中，要真正做到尊重交往对象，就必须尊重对方所独有的风俗习惯，不能少见多怪妄加非议。在涉外交往中，当自己身为东道主时，通常讲究"主随客便"；而当自己的身份是客人时，又必须讲究"客随主便"。

（四）信守约定原则

信守约定原则，是指在国际交往中，必须认真严格地遵守自己的所有承诺，说话要算数，许诺要兑现，约会要如约而至。具体注意：第一，在人际交往中，许诺必须谨慎，量力而行，切勿草率行事；第二，对于已经做出的约定，必须认真加以遵守；第三，万一由于难以抗拒的因素，不能守约，要主动说明缘由，诚挚致歉，并尽量弥补因此给对方造成的损失。

（五）热情适度原则

在国际交往中，同外国人打交道时，在待人热情友好的同时更要把握好具体分寸，否则就会事与愿违、过犹不及。具体要把握好以下三个方面。

1）关心有度。不宜对外国友人表现得过于关心。

2）距离有度。在与外国友人交往过程中，应当视双方关系的亲疏不同保持适度的距离。

3）举止有度。与外国人相处时，要对自己的行为举止多加约束，不要随便采用某些容易引起误会的动作，切勿因为自己举止动作过于随意而失敬于人。

（六）谦虚适度原则

人生有度，误在失度，坏在过度，好在适度。中国人大多习惯自谦。在对外交往中，要勇于自我肯定，不要动不动就自我否定。如遇到外国友人赞美自己的外貌、服饰搭配、技能手艺时，应愉快地接受赞美，大方地表示感谢；在做自我介绍时，要真实大胆地阐述自己的工作能力、学识才华、技术特长等，过度谦虚谨慎反而会错失良机。

## （七）尊重隐私原则

每个人无论是为了维护自己的尊严或出于其他方面的考虑，都有一些不愿意公开的事情。涉外交往中，不要主动问及个人收入、年龄、婚姻状况、身体状况、个人经历、政治见解、宗教信仰、生活习惯、家庭住址、工作情况等。

## （八）女士优先原则

"女士优先"是国际社会公认的一条重要礼仪原则。在社交场合中，男士有义务自觉主动地去尊重、照顾、体谅、关心、保护女性并且尽自己所能来帮女士排忧解难。如果女性因为男士的不慎陷入尴尬、困难的处境，则意味着男士的失职。

## （九）以右为尊原则

以右为尊，是指在涉外交往中，如外交活动、商务往来、文化交流、社交应酬等，凡涉及桌次、位次、车位等的位置排列时，原则上都讲究以右为尊，以左为卑；以右为上，以左为下。

### 案例分析

#### 小贺的疑惑

在一个秋高气爽的日子里，小贺穿着一身剪裁得体的新制服，第一次独立地走上了迎宾员的岗位。一辆白色高级轿车向饭店驶来，司机熟练而准确地将车停靠在饭店豪华大转门的雨棚下。小贺看到后排坐着两位男士、前排副驾驶座上坐着一位身材较高的外国女宾。小贺一步上前，以优雅姿态和职业性动作，先为后排客人打开车门，做好护顶关好车门后，小贺迅速走向前门，准备以同样的礼仪迎接女宾下车，但那位女宾满脸不悦，使小贺茫然不知所措。

**思考** 优先为重要客人提供服务是饭店服务程序的常规，通常后排座为上座，一般凡有身份者皆在此就座。小贺的服务符合饭店服务规范，那为什么这位女宾满脸不悦呢？小贺应该怎么做？

_____

_____

### 明礼践行

1. 随着我国改革开放的不断深化，我国与其他国家的联系日益密切，进入我国的外籍人士和走出国门经商、旅游的国人也日渐增多。在涉外交往中，应该遵循哪些礼仪原则？

_____

_____

_____

2. "女士优先"是国际社会公认的一条重要礼仪原则。在现实生活中我们应该如何遵循这条礼仪原则？

_____

_____

_____

# 第二节　涉外礼宾次序和国旗悬挂

### 案例说礼

**拍照位置的排列**

1995 年 3 月，联合国社会发展问题世界首脑会议在丹麦哥本哈根召开，出席会议的有近百位国家元首和政府首脑。3 月 11 日，与会的各国元首与政府首脑合影。按照常规，应该按礼宾次序名单安排好每位元首、政府首脑所站的位置。这个名单怎么排列？究竟根据什么原则排列？哪位元首、政府首脑排在最前？哪位元首、政府首脑排在最后？这项工作实际上很难做。丹麦和联合国的礼宾官员只好把丹麦首脑（东道国主人）、联合国秘书长、法国总统及中国总理、德国总理安排在第一排，而对其他国家领导人，就任其自便了。好事者事后向联合国礼宾官员"请教"，其答道："这是丹麦礼宾官员安排的。"向丹麦礼宾官员核对，他回答说："根据丹麦、联合国双方协议，该项活动由联合国礼宾官员负责。"

你对这次世界首脑会议的礼宾次序安排有何建议？

**思考** _____

_____

## 一、涉外礼宾次序

礼宾次序，是指国际交往中对出席活动的国家、团体、各国人士的位次按某些规则和惯例进行排列的先后次序。一般来说，礼宾次序体现东道主对各国宾客所给予的礼遇，而在某些国际性的集会上则表示各国主权平等的地位。礼宾次序安排不当或不符合国际惯例，则会引起麻烦，甚至会影响国际关系。因此，在组织涉外活动时，对礼宾次序应给予足够的重视。

按照国际惯例，礼宾次序常用的排列方法有以下几种。

### （一）按外宾的身份与职务的高低排列

按外宾的身份与职务的高低排列是礼宾次序排列的主要根据。一般的官方活动，经常是按身份与职务的高低安排礼宾次序，如按国家元首、副元首、政府总理（首相）、副总理（副首相）、部长、副部长等顺序排列。各国提供的正式名单或正式通知是确定职务的依据。由于各国的国家体制不同，部门之间的职务高低不尽一致，则要根据各国的规定，按相当的级别和官衔进行安排。在多边活动中，有时按其他方法排列。但无论按何种方法排列，都会考虑身份与职务的高低问题。

### （二）按参加国国名的字母顺序排列

多边活动中的礼宾次序通常按参加国的国名字母顺序排列，一般以英文字母顺序排列居多，少数情况下也按其他语种的字母顺序排列。这种排列方法多见于国际会议、体育比赛等。联合国大会的席次也按英文字母顺序排列，但为了避免一些国家总是占据前排席位，因此每年会抽签一次，决定本年度大会席位以哪一个字母打头，以便让各国都有机会均等排在前列。当遇到两个国家的名字第一个字母一样时，如澳大利亚（Australia）和奥地利（Austria），则看第二个字母，依此类推。

（三）按通知代表团组成的日期先后排列

在一些国家举行的多边活动中，按通知代表团组成的日期先后顺序排列礼宾次序，也是经常采用的办法之一。其具体做法可分为以下三种情况。

1）按派遣国通知东道主该国代表团组成的日期先后顺序排列。

2）按派遣国决定应邀派遣代表团参加该活动的答复时间的先后顺序排列。

3）按各国代表团抵达活动地点的时间先后顺序排列。

采取何种排列方法，东道国须在致各国的邀请书中明确注明。

在实际工作中，遇到的情况往往比较复杂。所以，礼宾次序往往不能按一种方法排列，而是几种方法交叉使用，并考虑其他有关因素，如国家之间的关系、所在地区、活动性质和内容、对活动贡献大小，以及参加活动人员的威望、资历等。总之，在具体工作中，要耐心、细致，反复考虑研究、设想多种方案，以避免因礼宾次序方面的问题引起一些不愉快。

## 二、涉外升挂和使用国旗的规定

国旗是国家的象征和标志，是由国家法律规定的具有一定正式规格与式样的旗帜。在国际交往中，升挂和使用国旗已经形成了一些惯例，并被各国所普遍接受。

（一）在我国升挂和使用外国国旗的场所

为确定涉外升挂和使用国旗的范围和办法，根据《中华人民共和国国旗法》，外交部发布了《中华人民共和国外交部关于涉外升挂和使用国旗的规定》（外交部令第9号）（以下简称《规定》）。按照规定，在一些情况下，在我国国内可以升挂和使用外国国旗。

1）外国国家元首、副元首，政府首脑、副首脑，议长、副议长，外交部长和国防部长、总司令或者总参谋长以及其他相应职级的外军领导，率领政府代表团的正部长，国家元首或者政府首脑派遣的特使，重要政府间国际组织的主要负责人以本人所担任公职的身份单独或者率领代表团来华进行正式访问时应当升挂中国国旗、来访国国旗或者政府间国际组织的旗帜。

2）接待外国国家元首（含副元首）和政府首脑时，在重大礼仪活动场所，如欢迎仪式、正式会谈、签字仪式、欢迎宴会等，升挂中国国旗和来访国国旗。

3）接待外国政府副首脑时，在重大礼仪活动场所，如正式会谈、签字仪式等，升挂中国国旗和来访国国旗。

4）接待1）中外国国家元首、副元首和政府首脑、副首脑以外的其他外国贵宾时，在重大礼仪活动场所，如正式会谈、签字仪式等，可以悬挂中国国旗和来访国国旗、政府间国际组织的旗帜。

5）接待 1）中所列的外国贵宾时，可以在贵宾的住地升挂来访国国旗，在贵宾乘坐的交通工具上悬挂中国国旗和来访国国旗、政府间国际组织的旗帜。

6）外国国家元首如有特制元首旗，可以按对方意愿和习惯做法，在其住地升挂、在其乘坐的交通工具上悬挂元首旗。

7）国际条约和重要协定的签字仪式可以悬挂中国国旗和有关签约国国旗、政府间国际组织的旗帜。

8）国际会议、国际军事合作活动、文化旅游体育活动、展览会、博览会等，可以升挂中国国旗和有关国家的国旗、政府间国际组织的旗帜。

9）外国政府、政府间国际组织经援项目和大型外商投资企业的奠基、开业、落成典礼以及重大庆祝活动可以同时升挂中国国旗和有关国家的国旗、政府间国际组织的旗帜。

10）民间团体和地方政府在双边和多边交往中举行重大活动时，可以同时升挂中国国旗和有关国家的国旗、政府间国际组织的旗帜。

（二）在我国升挂和使用国旗的方法

1. 多边活动

根据规定，在中国国内，中国国旗与多国国旗并列升挂时，中国国旗应当置于荣誉地位。具体操作方法是：

1）单行排列时，中国国旗排列在最前面。

2）一列并排时，以旗面面向观众为准，中国国旗排列在最右方（图 6-1）。

| 中国国旗 | 他国国旗 | 他国国旗 |

图 6-1　三国国旗并列升挂

3）弧形或者从中间往两旁排列时，中国国旗排列在中心位置（图 6-2）。

| 他国国旗 | 他国国旗 | 中国国旗 | 他国国旗 | 他国国旗 |

图 6-2　多国国旗并列升挂

4）圆形排列时，中国国旗排列在主席台（或者主入口）对面的中心位置。

2. 双边活动

根据我国的有关规定与国际惯例，举办双边活动需要升挂中国国旗和外国国旗的，凡中方主办的活动，外国国旗置于上首；对方举办的活动，中国国旗置于上首。有特殊规定或者特殊情况的除外。

另外，外国驻华机构、政府间国际组织在中国设立的总部或者代表机构、外商投资企业、在中国境内的外国公民同时升挂中国国旗和外国国旗、政府间国际组织的旗帜时，必须将中国国旗置于上首或者中心位置。外商投资企业同时升挂中国国旗和企业旗时，必须把中国国旗置于中心、较高或者突出的位置。

**读一读**

### 中国国旗内涵

国旗是一个国家的象征和标志。我国的国旗文化你知道多少呢？

中华人民共和国国旗是五星红旗，旗面为红色，长方形，长高比例为 3∶2。旗面左上方缀黄色五角星五颗。一星较大，居左；四星较小，环拱于大星之右。四颗小五角星均各有一个角尖正对大五角星的中心点。旗面为红色，象征革命。旗上的五颗五角星及其相互关系象征共产党领导下的革命人民大团结。星用黄色是为着在红地上显出光明，四颗小五角星均各有一个角尖正对大五角星的中心点，表示围绕着一个中心而团结。

（三）升挂国旗的要求

1）国旗是一个国家的象征和标志，不得升挂或者使用破损、污损、褪色或者不合规格的国旗，不得倒挂、倒插或者以其他有损国旗尊严的方式升挂、使用国旗。

2）在直立的旗杆上升降国旗，应当徐徐升降。升起时，必须将国旗升至杆顶；降下时，不得使国旗落地。一般应日出升旗，日落降旗。升国旗时，服装要整齐，要立正脱帽行注目礼。

3）若需降旗志哀，下半旗时，应当先将国旗升至杆顶，然后降至旗顶与杆顶之间的距离为旗杆全长的三分之一处；降下时，应当先将国旗升至杆顶，然后再降下。

4）中国国旗与外国国旗、政府间国际组织的旗帜并挂时，有关旗帜应当按照有关国家、组织规定的比例制作，尽量做到旗的面积大体相等。

5）悬挂国旗一般应以旗的正面面向观众，不要随意交叉悬挂或竖挂，更不得倒挂。有必要竖挂或者使用国旗反面时，必须按照有关国家的规定办理。

## 明礼践行

1. 请同学们观看 2008 年北京奥运会各国运动员入场顺序片段，看看中国队入场排在什么位置？奥运会入场的礼宾次序有哪些排列方法？

_____

_____

_____

2. 升国旗是一件严肃而又庄重的事情。作为一名中职学生，请你说说在学校每周一的升旗中应该怎样做才符合升旗仪式的礼仪规范。

_____

_____

_____

# 第三节　涉外宴请礼仪

## 案例说礼

### 不 辞 而 别

武汉市与日本某市缔结友好城市，在某酒店举行大型中餐宴会，并邀请本市最著名的演员助兴。这位演员到达后，费了很长时间才找到自己的座位。当她入席后发现与自己同桌的客人都是接送领导和宾客的司机，便感到自尊心受到了伤害，没有同任何人打招呼就离开了酒店。当主持人邀请这位演员登台献唱时，才发现演员已经不在现场了。幸好主持人随机应变，临时更换其他节目，才算没有出现冷场。

演员为什么不辞而别？

_____

宴请是政府机关、社会团体、企事业单位或个人出于表示欢迎、答谢、祝贺等社交目的及庆贺重大节日而举办的一种隆重、正式的餐饮活动。

## 一、宴请的类型

宴请因规格、菜肴、人数、时间、着装等方面的不同要求，可划分为多种形式。就目前看，国际上通用的宴请形式主要有宴会、招待会、工作餐等。采用哪种形式一般要根据活动的目的、邀请对象及经费开支等因素决定。每种形式均有特定的规格和要求。

### （一）宴会

宴会常用于庆祝节日、纪念日，表示祝贺、迎送贵宾等事项，是最正式、最隆重的宴请形式。按隆重程度、出席规格，宴会可分为国宴、正式宴会、便宴；按举行时间，宴会可分为早宴、午宴和晚宴。一般说来，晚宴更为正式、隆重。

#### 1. 国宴

国宴是国家元首或政府首脑为招待国宾和其他贵宾，以及为国家庆典和重大外交活动而举行的正式宴会。在所有宴会中，国宴规格最高，形式最隆重，礼仪要求最严格。宴会时一般有现场乐队奏乐，悬挂国旗，致辞或祝酒。

#### 2. 正式宴会

正式宴会的规格仅次于国宴，宾主需要按照身份排位就座，除了不挂国旗、不奏国歌、出席人员规格不同之外，其余安排大致与国宴相同。

#### 3. 便宴

便宴不属于正式宴会，可以不排席位，不进行正式讲话，较为随意亲切，更适合日常友好往来。便宴需要安排座席，由服务人员按顺序上菜。一般而言，晚上举行的宴会比其他时间段更为隆重。一般情况下，宴会持续时间为两小时左右。

### （二）招待会

招待会是指各种不配备正餐的宴请类型，一般备有食品和酒水饮料，通常不排固定席位，宾客可以自由活动，时间安排灵活，用餐时间短。常见形式有冷餐会、酒会、茶会、咖啡会等。

（三）工作餐

工作餐是国际交往中常见的非正式宴请形式，主客双方利用共同的进餐时间边吃边谈。按用餐时间可分为工作早餐、工作午餐、工作晚餐。这种形式简便，特别是在日常活动时间紧张时，它的优势尤为明显。这类活动一般只请与工作有关的人员，不邀请对方的配偶和其他无关人员。双边工作餐通常使用长条桌，按会谈座位顺序入座，以便交流。

## 二、宴请的筹备

涉外交往中，工作人员应有序开展宴请的准备工作。

（一）确定宴请形式、规模及规格

宴请形式、规模及规格需依据邀请的性质、目的及经费等因素决定。

（二）确定宴请的时间、地点

宴请的时间应于主、客双方都合适。为此，事先应与客方先商定，注意不要选在对方的重大假日、重要活动和禁忌的时间内。宴请的地点要按活动性质、规模、宴请形式、主人意愿及实际可能而选定。

（三）确定宴请对象、范围

确定宴请对象、范围是指应邀请哪些方面的人士参加，参加的人数、级别，是否邀请配偶出席等。

（四）及时、规范发出邀请

邀请有书面邀请和口头邀请之分。前者要填写请柬，后者是直接口头告知或电话邀请。请柬既表示对被邀请人的尊重，也表明邀请者对此事的郑重态度，同时还达到了提醒、备忘的作用。便宴经口头约妥后，也可不发请柬。工作餐一般不发请柬。国际惯例对夫妇二人发一张请柬。

（五）订菜单

宴请的酒菜根据活动形式和规格，在预算标准内安排。选菜应尽量适合宾客的口味、喜好、年龄、性别、健康状况等，尤其要注意各民族、各宗教和宾客个人不同的风俗、习惯和禁忌。如个别人有特殊需要，也可单独为其上菜。菜的数量与分量要适当，以有地方特色的菜品、外宾的家乡菜、本店的拿手菜为佳，要注重节俭，避免浪费。

（六）环境的选择

宴请的环境，体现着主人对宴请的重视程度。通常应选择环境幽雅、卫生方便、服务优良、管理规范的场所。

（七）安排好宴会的桌次和席位

无论中餐还是西餐，用餐时的桌次和席位排列，关系到来宾的身份和主人给予对方的礼遇。越是正式的宴请，越离不开宾主座次的安排问题。正式宴会须事先安排好桌次和席位。安排好桌次和席位后，应在入席前通知每一位出席者。

## 三、宴请的桌次和席位礼仪

（一）中餐桌次和席位安排

在中餐礼仪中，桌次和席位安排十分重要，关系到来宾身份和主人给予对方的重视程度。

1. 桌次礼仪

在中餐宴请活动中，往往采用圆桌布置菜肴酒水。安排桌次时，可参照以下几个原则。

1）以右为上，即当两桌横排时，以面向正门而定，以右为上、以左为下（图6-3）。

2）以远为上，即当两桌纵排时，以距正门远近而定，以远为上、以近为下（图6-4）。

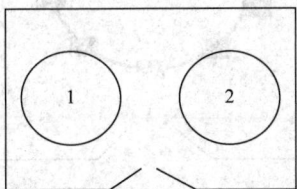

图6-3　以右为上、以左为下　　　　　　图6-4　以远为上、以近为下

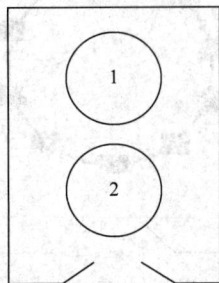

3）面门为上，即三桌或三桌以上时，以面向正门为准，面门为上，其他桌以右为上，以离主桌近为上，以远离门为上（图6-5）。

4）居中为上，即当各桌围绕在一起时，以居于正中央的餐桌为主桌（图6-6）。

习惯上，桌次高低以离主桌位置远近而定，右高左低。桌数较多时，须安排桌次牌。

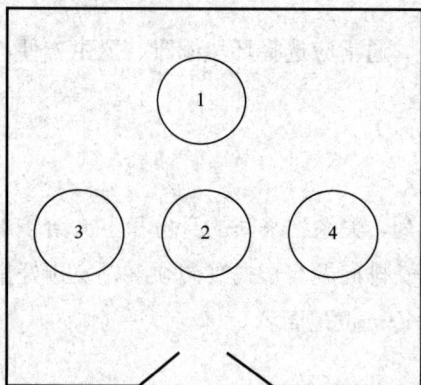

图 6-5　面门为上

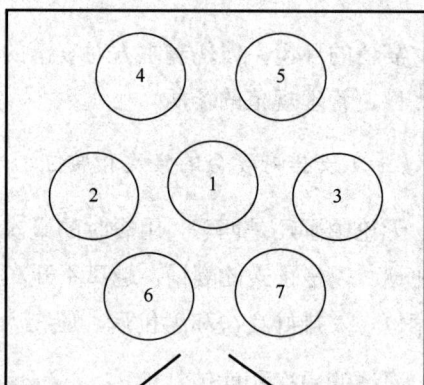

图 6-6　居中为上

2. 席位礼仪

在安排席位时，应遵循三条基本原则。

1）面门为上，即餐桌面对正门的座位是主位，一般请主人在此就座（图6-7）。

2）以右为上，右高左低，即两人一同并排就座，通常以右为上座。主人的右手位置是最主要位置，要把主宾安排在这个位置上，其余按礼宾次序就座（图6-8）。

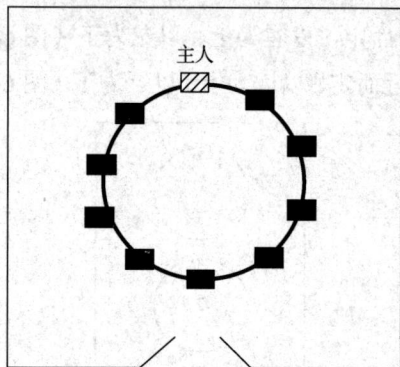

图 6-7　面门为上

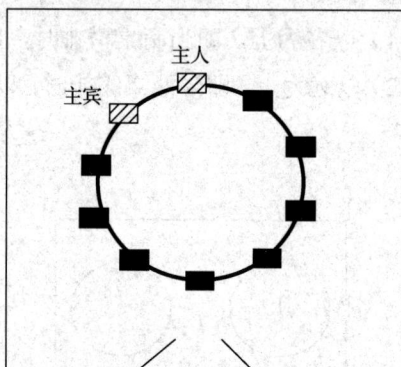

图 6-8　以右为上

3）各桌同向，即在大型宴会时，其他各桌的主位位置，应该与主桌主位保持同一方向。另外，当有演出时，面向舞台的位置应为主位。此外，其他席位的安排以主人席位为中心，以靠近主人位置远近来依次排列。

在涉外交往中,翻译人员在主人与主宾背后就座,另行安排就餐。

(二)西餐桌次和席位安排

西餐宴会一般使用长桌,桌子的设置可根据参加人数的多少和场地的大小而定。除非极其盛大的西餐宴会,大多数情况下,西餐宴会一般不涉及桌次,席位安排主要是位次问题。具体应遵循以下几个规则。

1. 女士优先

在西餐礼仪里,往往体现女士优先的原则。

2. 距离定位

西餐桌上席位的高低是根据其距离主位的远近决定的,距主位近的位置要高于距主位远的位置。

3. 以右为尊

排定席位时,以右为尊是基本原则。就某一具体位置而言,按礼仪规范其右侧要高于左侧之位。

4. 面门为上

按礼仪的要求,面对餐厅正门的席位要高于背对餐厅正门的席位。

5. 交叉排列

西餐排列席位时,讲究交叉排列的原则,即男女应当交叉排列,熟悉的人和陌生人也应当交叉排列。在西方人看来,宴会场合要拓展人际关系,这样交叉排列,用意就是让人们能更多地和周围客人聊天认识,达到社交目的。

无论是何种宴请活动,桌次和席位安排的依据是礼宾次序。在具体安排席位时还需考虑其他一些因素。多边活动中,需要注意客人之间的政治关系,政治分歧大、两国关系紧张者应尽量避免安排在一起;使用同一种语言、从事同一种专业者可以尽量安排在一起。

**明礼践行**

1. 为了庆祝我国与 A 国建交 20 周年，国家领导人拟准备举行国宴，隆重招待 A 国的国家元首，请你帮忙设计一下宴会的一般流程。

_____

_____

_____

2. 李敏夫妇准备在酒店西餐厅宴请法国来的好朋友——埃米尔夫妇，请你为李敏夫妇安排一下席位座次。

_____

_____

_____

## ●本 章 小 结●

随着社会的发展和社交范围的扩大，涉外礼仪的地位和作用越发凸显，它不仅体现个人的修养，更多的是代表国家的形象和尊严。在学习礼仪规范时，准确把握国际准则与惯例的同时，更要结合我们国家的实际情况，具体问题具体分析，做到有礼有节、不失水准。

## ◆知 识 乐 园◆

第六章知识乐园答案

**一、单项选择题**

1. "_____" 是指在外国人面前不妄自菲薄、低三下四乃至丧失民族气节。

    A. 不卑          B. 不亢          C. 诚信          D. 守约

2．在国际体育比赛中，各国的排列顺序、开幕式出场顺序，一般按参加国国名_____排列。

    A．身份高低                    B．英文字母顺序

    C．职务高低                     D．通知时间先后

3．降半旗，是先将国旗升至杆顶，再下降至离杆顶相当于杆长的_____处。

    A．1/2           B．1/3           C．2/3           D．3/4

4．在中国国内，中国国旗与其他国家的国旗并列悬挂时，_____国旗应该处于荣誉地位。

    A．中国          B．客国          C．联合国          D．他国

5．_____是最正式、最隆重的宴请方式。

    A．宴会          B．招待会          C．工作餐          D．酒会

## 二、多项选择题

1．在一个多边国际活动中，礼宾次序的排列正确的有_____。

    A．有身份级别的，首先按身份与职务高低排列

    B．在一些多边活动中，按代表团组成的日期先后顺序排列

    C．在实际工作中，礼宾次序往往不能按一种方法排列，而是几种方法交叉

    D．完全按职务的大小排列

    E．可以随意

2．"按字母或笔画顺序排列"礼宾次序，一般用于_____。

    A．官方活动中                     B．联合国大会

    C．奥运会开幕式体育代表队出场顺序     D．团体活动

    E．以上都可以

3．以下涉外升挂国旗的场所叙述准确的有_____。

    A．在接待外国国家元首的欢迎仪式上，可以升挂两国国旗

    B．在涉外签字仪式上，可以升挂两国国旗

    C．正在他国访问的一国元首的寓所里，可以挂来访国国旗

    D．正在他国访问的一国元首的交通工具上，可以挂来访国国旗

    E．在他国的领土上，可以悬挂中国国旗

4．按规格来分，宴会可以分为_____。

    A．国宴          B．正式宴会          C．午宴

    D．便宴          E．晚宴

5．宴会安排桌次时，应掌握_____的原则。

    A．居中为上          B．面门为上          C．以左为尊

    D．以远为上          E．以近为尊

### 三、判断题

1. 排定席位时，以左为尊是基本原则。 （　　）
2. 所谓"度"，是指适度，表现在涉外交往中，在热情友好的同时，要把握好具体分寸。 （　　）
3. 一般而言，礼宾次序体现了东道主对各国宾客所给予的礼遇，在一些国际性的集会上则表示各国主权的平等地位。 （　　）
4. 宴会的地点选择要根据宴请规格来考虑。 （　　）
5. 确定宴会菜单时，要避免出现宗教、民族习俗及个人饮食禁忌。 （　　）

### 四、简答题

1. 简述涉外礼仪的基本原则。
2. 简述中餐宴会的席位礼仪。
3. 宴会筹备的一般流程是什么？

### 五、案例分析题

20世纪90年代中期，中国的一名中学生应邀前往一个拉丁美洲国家参加民间外交活动。当他前去出席在该国家所举行的一次国际性会议时，发现在会场周围悬挂的各与会国国旗之中没有中华人民共和国国旗，便当即向会议组织者提出这一问题，并严正地表示："不悬挂我国国旗，就是缺乏对我国的尊重，假如不马上改正，我将拒绝出席这次会议，并且立即回国。"

经过据理力争，中国国旗终于飘扬在会场上空，在会议的组织者再三表示歉意之后，那位中学生才终于步入会场出席会议。在他入场时，有不少与会者主动起立，向他热烈鼓掌表示欢迎。

思考：
1. 本案例中的这名中学生为何受到与会者的热烈欢迎？
2. 悬挂国旗有哪些要求？

## ▸▸▸ 活 动 项 目 ◂◂◂

**活动名称：** 涉外宴请
**活动场地：** 餐饮实训室
**活动工具：** 笔、便笺、宴会筹备流程表
**活动目标：** 掌握涉外宴请筹备的具体流程及桌次和席位的安排。

**活动内容**：根据表 6-1 中的评分标准，分小组模拟写出涉外商务宴会的一般流程，写好后，各小组交换进行评分比较，选出最佳小组。

**表 6-1 涉外宴请实训评价表**

| 被考评人 | | | | |
|---|---|---|---|---|
| 考评地点 | 餐饮实训室 | | | |
| 考评内容 | 涉外宴请 | | | |
| | 项目 | 评价标准 | 权重 | 得分 |
| 考评标准 | 确定宴请的形式、规格 | 能根据宴请性质、目的及经费等因素确定合适的宴请形式和规格 | 10 | |
| | 确定宴请的时间、地点 | 能选择合适的宴请时间和宴请场所 | 10 | |
| | 确定宴请的对象、范围 | 能准确把握邀请的对象，控制好邀请的人数和级别 | 10 | |
| | 发出邀请 | 能及时发出邀请，准确填写邀请函 | 10 | |
| | 订菜单 | 能根据活动形式和规格，在预算范围内安排好宴请的菜单酒水 | 20 | |
| | 安排桌次 | 能根据宴请的规格和人数准确安排桌次，放好桌次牌 | 20 | |
| | 安排席位 | 能准确把握宾客身份，正确合理地安排好席位 | 20 | |
| 合计 | | | 100 | |

注：考评满分为 100 分，59 分及以下为不及格，60～74 分为及格，75～84 分为良好，85 分及以上为优秀。

# 博文约礼——传承节日习俗

## 知识导航

**知识目标** 了解和掌握我国节日习俗礼仪、部分少数民族的习俗礼仪等知识。

**技能目标** 在特定的时间、场合，会恰当地运用各种礼仪知识，并能指导自己的行为，逐步养成良好的社会生活习惯。

**素养目标** 养成重视节日习俗、部分少数民族习俗礼仪的职业态度。

# 第一节 我国节日习俗礼仪

案例说礼

《元日》

王安石

爆竹声中一岁除，
春风送暖入屠苏。
千门万户曈曈日，
总把新桃换旧符。

思考 王安石的《元日》描绘了我国人民欢度什么节日的喜庆情景？在这个节日中，你的家乡有哪些习俗呢？

_____

_____

节日，特别是传统节日，不仅蕴含着质朴的人文情怀，而且蕴含着醇厚的礼仪文化。重拾传统节日文化内涵，是当代年轻人必修的文化大课。我国的传统节日主要有春节、元宵节、清明节、端午节、中秋节、重阳节等，这些节日的民俗被列入国家级非物质文化遗产代表性项目名录。

## 一、春节

春节，是农历的岁首，是我国最盛大、最热闹、最重要的古老传统节日。春节一般指除夕和正月初一，但在民间，传统意义上的春节是指从腊月初八的腊祭或腊月二十三（或二十四）的祭灶，一直到正月十五，其中以除夕和正月初一为高潮。春节的有关传说也很多，其中以熬年守岁、万年创建历法说等最具代表性。

在春节期间，我国的汉族和很多少数民族都要举行各种活动以示庆祝。这些活动均以祭祀神明、祭奠祖先、除旧布新、迎喜接福、祈求丰年为主要内容。

### 1. 祭灶

祭灶，是我国民间影响很大、流传极广的习俗。民谣中"腊月二十三，灶王爷上天"，指的就是每年腊月廿三或廿四的祭灶。这天入夜后要把灶台刷干净，把旧的灶君神像取下烧掉，至除夕日早晨把新像贴上，一送一迎，都要摆置酒肉、糖果、米果等，烧香、点烛、放纸炮。祭灶在中国民间有几千年历史了，灶神信仰是中国百姓对"衣食有余"梦想追求的反映。如今，农村很多地区还沿袭这种风俗。

#### 2. 守岁

除夕守岁是年俗活动之一，守岁之俗由来已久。守岁的民俗主要表现为除夕之夜，全家团聚在一起，吃过年夜饭，围坐炉旁闲聊，通宵守夜，不让"岁火"熄灭，等着辞旧迎新的时刻，迎接新岁到来，象征着把一切邪瘟病疫赶跑驱走，期待着新的一年吉祥如意。

#### 3. 拜年

春节期间走访拜年是年节传统习俗之一，是人们辞旧迎新、相互表达美好祝愿的一种方式。拜年可以表达对亲朋间的情怀以及对新一年生活的美好祝福。如今，信息社会的拜年方式更加丰富多彩，传统的团拜、登门拜访依然沿袭，但电话拜年、短信拜年、网络拜年等新兴拜年方式也愈来愈时兴。其实，不管过去、现在，还是未来，无论拜年形式怎么变化，发自人们内心的春节祝愿和祝福是永远不变的。

## 二、元宵节

元宵节是我国的传统节日，普遍流行于全国各地。在中国，农历正月是元月，古代称夜为"宵"，所以一年中第一个月圆之夜正月十五名为"元宵节"。

按中国民间的传统，在这皓月高悬的夜晚，人们要点起彩灯万盏，以示庆贺。出门赏月、燃灯放焰、喜猜灯谜、共吃元宵，合家团聚、同庆佳节，其乐融融。随着时间的推移，元宵节的活动越来越多，不少地方节庆时增加了耍龙灯、耍狮子、踩高跷、划旱船、扭秧歌、打太平鼓等传统民俗表演。

## 三、清明节

清明节是我国传统节日，公历 4 月 5 日前后为清明节。

清明节是纪念祖先的节日，主要活动是祭祖、扫墓，这是人们慎终追远、敦亲睦族及行孝的具体表现。扫墓原是清明节前一天寒食节的内容。寒食节相传起于晋文公对介子推的悼念。后来，由于寒食节与清明节日期相近，这个民间禁火扫墓的节日就逐渐与清明节合二为一了。

除了禁火、扫墓，还有踏青、放风筝、荡秋千、打马球等活动，江南也有蚕花会等活动。因此，清明时节既有祭扫坟墓的悲酸之泪，又有踏青游玩的欢笑之声，是一个富有特色的节日。中华人民共和国成立后，各地群众多在清明节前后前往革命烈士陵园扫墓，表达对先烈的缅怀之情。

## 四、端午节

端午节是中国的传统节日，又名重午、端五、蒲节，时在农历五月初五。端有"初"的意思，故称初五为端五。阴历（农历）的正月建寅，按地支顺序，五月恰好是午月，加上古人常把五日称作午日，因而端五又称重午。

端午节的起源有许多传说，如纪念屈原说、纪念伍子胥说、纪念曹娥说、恶月恶日驱避说、百越民族图腾祭说等。纪念屈原之说，影响最广、最深，占据主流地位。在民俗文化领域，我国民众把端午节的龙舟竞渡和吃粽子等，都与纪念屈原联系在一起。

端午节的习俗主要有赛龙舟、吃粽子、挂艾草与菖蒲、佩香囊、饮雄黄酒等。

## 五、中秋节

农历八月为秋季的第二个月，称为"仲秋"，而八月十五又在"仲秋"之中，所以称"中秋"。中秋节在八月十五，所以又称"八月节""八月半"；主要活动都是围绕"月"进行，所以又俗称"月节""月夕"；中秋节月亮圆满，象征团圆，又叫"团圆节"。

嫦娥奔月，吴刚斫桂，玉兔捣药……中秋节有很多家喻户晓的神话传说，代代相传，经久不息。

中秋节自古便有赏月、吃月饼等习俗。广东、云南等地会祭月、拜月；湖广、江南一带则会举行燃灯庆祝中秋。

## 六、重阳节

农历九月九日，为传统的重阳节。庆祝重阳节的活动多彩浪漫，一般包括出游赏景、登高远眺、观赏菊花、遍插茱萸、吃重阳糕、饮菊花酒等活动。

今天的重阳节被赋予了新的含义。1989 年，农历九月九日被定为"敬老节"，将传统与现代和谐地结合起来，使这一传统佳节成为尊老、敬老、爱老、助老的新式节日。全国各机关、团体、社区往往都在此时组织从工作岗位上退下来的老人们秋游赏景，或临水玩乐，或登山健体，让老人的身心都在大自然的怀抱里得到舒展；不少家庭中晚辈也会搀扶着年老的长辈到郊外活动或特地为老人准备一些可口的食物。

想一想

在古人的笔下，重阳节是富有诗情画意的，是有浓厚的情感色彩的，是让人充满幻想的，在唐诗宋词中有不少贺重阳、咏菊花的佳作。请你说说有哪些诗词是描写重阳节的。

## 明礼践行

1. 调查一下，你的家乡有哪些传统的节日？你的家乡在春节期间各有什么习俗和食俗呢？

_____

_____

2. 请以"我的节日礼仪"为题写一篇小作文，和同学们互相传阅交流，加深同学们对节日礼仪的印象。

_____

_____

_____

# 第二节　部分少数民族的习俗礼仪

### 案例说礼

#### 对少数民族习俗的无知

2000 年，A 公司要和新疆某著名企业进行合作。一切准备就绪后，新疆某著名企业派来了全权代表。授权代表既是远道的客人，又是将来的合作者，接待礼遇可想而知。在欢迎晚宴上，A 公司特别安排了东北名菜"猪肉炖粉条"和朝鲜族的特色菜狗肉来招待几位远道的客人。

本来气氛和谐而热烈的晚宴，在压轴菜"猪肉炖粉条"和狗肉上来后，客人们的脸色一下子变了，用本民族语言说了几句后，便气愤地甩袖而去。

两天后，新疆某著名企业发来一份声明，郑重地说："我们信仰伊斯兰教，居然用猪肉和狗肉来招待，这是对我们民族的不敬！"就这样，这桩合作彻底泡汤了。

思考　因为 A 公司对少数民族习俗的无知，造成合作失败。你知道我国少数民族有哪些习俗及禁忌么？

_____

_____

民族习俗是指一个民族在某一方面的独特生活习性或社会习惯。中国是个多民族的国家，除汉族外还有 55 个少数民族。他们在长期历史发展中，形成了不同的习俗习惯，具有浓郁的民族特色。

## 一、壮族

壮族是我国少数民族中人口最多的民族，有着悠久的历史文化。广西壮族自治区是壮族的主要分布区。

壮族的节日多与当地汉族相同，如春节、元宵节、清明节、端午节、中秋节、重阳节等传统汉族民间节日，也是壮族的岁时节日。比较具有壮族特色的节日是"三月三"歌圩节、"牛魂节"、"中元节"等。

壮族主食以大米、玉米为主，喜食腌制酸食，爱做黑、红、黄、紫、白"五色饭"。壮族是一个热情好客的民族，客人到家，必在力所能及的情况下给客人提供最好的食宿。

## 二、回族

回族是我国人口较多的少数民族。关于回族分布的特点，主要表现为"大分散，小聚居"的格局。

宁夏回族自治区是回族的主要聚居区。俗话说："宁夏回族三件宝，接人待客不用酒，油香馓子（图 7-1）盖碗茶（图 7-2），有吃有喝味道好。"日常生活中，回族人喜欢饮茶和用茶待客。盖碗茶是西北回族的一种特殊嗜好。最有代表性的是"八宝盖碗茶"，即盖碗内泡有茶叶、冰糖、枸杞、核桃仁、芝麻、红枣、桂圆、葡萄干（或苹果干）等。

图 7-1　馓子

图 7-2　盖碗茶

在饮食方面，主要讲究清真，忌食猪、马、驴等动物的肉。对于牛、羊、鸡、鸭、鹅等畜禽，必须是经过阿訇亲手屠宰的，才可进食。

### 三、维吾尔族

"维吾尔"是民族自称，意为"团结""联合""协助"之意。维吾尔族主要聚居在新疆维吾尔自治区。

维吾尔族喜食面食，如馕（图 7-3）、拉面等，流传着"宁可一日无菜，不可一日无馕"等说法。维吾尔族人喜欢吃牛、羊肉，喜欢喝奶茶、吃水果，羊肉串是维吾尔族的民族风味食品。

图 7-3　馕

维吾尔族的传统节日主要有古尔邦节、肉孜节、诺鲁孜节等。维吾尔族十分重视传统节日，尤其以过古尔邦节最为隆重。维吾尔族素有"歌舞民族"之称，维吾尔族人普遍能即兴唱歌跳舞，是一个重视礼仪、尊重长辈的民族。维吾尔族人禁食猪肉，狗肉、驴肉等。

### 四、藏族

藏族是我国古老的民族之一，主要分布在我国西藏自治区和青海、甘肃、四川、云南等省区。生活在世界屋脊上的藏族人民，在古老而神秘的历史长河中，孕育了浓厚的民族特色和习俗礼仪。

藏族节日较多，主要节日有藏历年、雪顿节、望果节等。藏族讲究礼仪，主要有敬献哈达、敬奶茶、敬青稞酒、敬酥油茶等礼俗。献哈达是藏族待客的一种最高礼仪，表示对客人的热烈欢迎和真挚敬意。婚丧嫁娶、民俗节庆、拜会尊长、迎送宾客等场合，通常都要献上象征纯洁、吉祥的白色哈达。

藏族人民能歌善舞，歌曲旋律抑扬顿挫，歌词贴切合韵，唱时还可伴以各种舞蹈，舞姿优美，有些舞蹈以各种乐器伴奏。

在饮食方面，酥油茶、糌粑（图 7-4）和青稞酒是藏族独具特色的三大饮食。糌粑是用炒熟的青稞或豌豆磨制成面粉，用茶水拌食，是藏族牧民的传统主食。

图 7-4　酥油茶、糌粑

## 五、蒙古族

蒙古族是一个富有传奇色彩的民族，主要聚居在内蒙古自治区，被誉为"马背上的民族"。

蒙古族重要节日有春节、兴畜节和那达慕等。其中，那达慕是蒙古族最为盛大、影响广泛的节日。"那达慕"，系蒙古语"娱乐"或"游戏"的意思，在每年七八月牲畜肥壮的季节举行。那达慕大会召开时，男女老少穿着节日盛装，乘车骑马，云集在碧绿丰美的草原。他们或参加比赛，或专程赶来参观娱乐。摔跤、赛马和射箭为那达慕的传统节目，俗称"男子三项那达慕"。

蒙古族是一个非常热情、好客、直率的民族，端出奶茶，斟上奶酒，煮上羊肉，或以歌劝酒，或敬献哈达，热诚招待客人。

蒙古族素有"音乐民族"之称，蒙古族舞蹈节奏欢快，动作刚劲有力，以抖肩、揉肩和马步最具特色；"好来宝"是蒙古族一种自拉自唱、边唱边演的表演艺术。马头琴（图 7-5）是蒙古族最具特色的传统乐器。

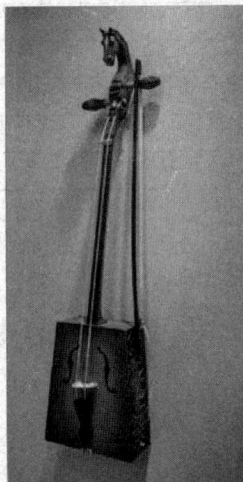

图 7-5　马头琴

牧区以牛、羊肉及奶食为主，以粮食、蔬菜为辅。早晨吃炒米喝奶茶，茶中加上酥油和少许青盐，味道鲜美可口。中午和晚上多喜吃牛、羊肉。砖茶是牧民不可缺少的必需品，煮好后加少量鲜奶。

## 六、傣族

傣族是我国具有浓厚民族文化特色的少数民族之一，主要聚居在我国的"彩云之南"——云南。傣族的主要节日有泼水节、关门节、开门节等。泼水节是傣族最隆重、最富有民族特色的传统节日。

傣族民风淳朴，傣族风俗富有地域和民族特色。傣族人民普遍爱好歌舞，极为流行的有孔雀舞、象脚鼓舞。傣族视孔雀、大象为吉祥物。

在饮食方面，傣族以大米为主食，喜爱糯米，最具特色的是竹筒饭。

想一想

某市举办一个全国性的商品交易会，举办酒店接待了来自全国各地各少数民族的团队。为了提供更好的服务，请你编制表 7-1，帮助把各少数民族的饮食禁忌告知酒店餐饮部经理，以便餐饮部能更好地制定符合各民族特色的餐饮食品，让他们能体会到家的温馨。

表 7-1 各少数民族的饮食禁忌及建议

| 少数民族 | 饮食禁忌 | 建议 |
|---|---|---|
|  |  |  |
|  |  |  |
|  |  |  |
|  |  |  |

明礼践行

1. 请说出我国各主要少数民族的主要节日，并列出他们的节日习俗及活动。

_____

_____

2. 调查一下，你的家乡有没有少数民族？如有，他们有哪些礼仪习俗及禁忌呢？

_____

_____

## ●●●●本 章 小 结●●●●

　　中国传统节日、少数民族节日等不仅蕴含着质朴的人文情怀，而且蕴含着醇厚的礼仪文化。感受中国传统节日文化魅力，遵守各种传统风俗礼仪，体验少数民族习俗活动，做一名传统文化的传播者和恪守礼仪的文明使者。

## ◆◆◆◆知 识 乐 园◆◆◆◆

第七章知识乐园答案

### 一、单项选择题

1. 我国最盛大、最热闹、最重要的古老传统节日是_____。
   A. 春节　　　　　　B. 元宵节　　　　　C. 清明节　　　　　D. 中秋节
2. 以下属于春节习俗的是_____。
   A. 踏春　　　　　　B. 拜年　　　　　　C. 赛龙舟　　　　　D. 登高
3. _____是藏族待客的一种最高礼仪。
   A. 敬献奶茶　　　　　　　　　　　　　B. 敬献酥油茶
   C. 敬献青稞酒　　　　　　　　　　　　D. 敬献哈达

### 二、多项选择题

1. 以下属于清明节习俗活动的有_____。
   A. 耍狮子、踩高跷　　　　　　　　　　B. 踏青、荡秋千
   C. 放风筝、打马球　　　　　　　　　　D. 插柳、佩香囊
2. 以下对壮族描述正确的有_____。
   A. 壮族是我国少数民族中人口最多的民族
   B. 壮族主要聚居在广西壮族自治区
   C. 壮族的特色节日是"三月三"歌圩节
   D. 壮族喜食面食，如馕、拉面等。
   E. 壮族主食以大米、玉米为主，爱做"五色饭"
3. 以下跟蒙古族有关的有_____。
   A. 蒙古族主要聚居在内蒙古自治区，被誉为"马背上的民族"
   B. 那达慕是蒙古族最为盛大、影响广泛的节日
   C. 马头琴是蒙古族最具特色的传统乐器
   D. 蒙古族人喜欢用盖碗茶招待客人

### 三、判断题

1. 传统意义上的春节是指从腊月初八的腊祭或腊月二十三或二十四的祭灶，一直到正月十五，其中以除夕和元宵节为高潮。　　　　　　　　　　　　　　（　　）
2. 在春节期间，我国的汉族和很多少数民族都要举行各种活动以示庆祝。（　　）
3. 馕是维吾尔族人的面食，有"宁可一日无菜，不可一日无馕"的说法。（　　）
4. 泼水节是傣族最富民族特色的节日。　　　　　　　　　　　　　（　　）
5. 清明节是纪念祖先的节日，主要活动是祭祖、扫墓，这是人们慎终追远、敦亲睦族及行孝的具体表现。　　　　　　　　　　　　　　　　　　（　　）

### 四、简答题

1. 春节是我国最盛大的传统节日，简要说说春节的主要习俗活动有哪些？
2. 简述藏族敬献哈达的礼仪。

### 五、思考题

如今许多中国人，尤其是年轻一代，似乎更热衷于过"洋节"，而在传统节日的时候，大街上却越来越冷清。那么，你对传统节日是怎样理解的呢？它对于我国文化的传承有怎样的作用呢？

## ▶ 活 动 项 目 ◀

**活动主题：**节日习俗礼仪大搜索

**活动场地：**不限

**活动工具：**表格、笔

**活动目标：**了解我国主要的节日习俗，进一步掌握节日习俗礼仪、节日食俗及主要活动的相关知识。

**活动内容：**我国传统的节日礼仪丰富多彩、颇具特色，不仅蕴含着质朴的人文情怀，而且蕴含着醇厚的礼仪文化。请查找我国主要的传统节日有哪些民俗活动、节日食俗及礼仪要求，完成表7-2的填写。

### 表 7-2 我国主要节日习俗

| 节日名称 | 时间 | 相关传说 | 主要活动 | 节日食俗 |
| --- | --- | --- | --- | --- |
| 春节 | 腊月初八的腊祭或腊月二十三（或二十四）的祭灶到正月十五 | 熬年守岁、万年创建历法说 | 祭灶、守岁…… | 饺子、年糕…… |
|  |  |  |  |  |
|  |  |  |  |  |
|  |  |  |  |  |
|  |  |  |  |  |
|  |  |  |  |  |

# 参 考 文 献

广东省人民政府外事办, 2005. 接待工作常识[EB/OL]. (2005-10-27)[2023-05-21]. https://www.gov.cn/ztzl/2005-10/27/content_85347.htm

国家民委政策法规司, 2007. 少数民族风俗与禁忌[M]. 北京:民族出版社.

华英雄, 2012. 华英雄说礼仪[M]. 北京:中国经济出版社.

金正昆, 2013. 礼仪金说:社交礼仪[M]. 北京:北京联合出版公司.

金正昆, 2013. 礼仪金说:职场礼仪[M]. 北京:北京联合出版公司.

金正昆, 2018. 涉外礼仪教程[M]. 北京:中国人民大学出版社.

九江市人民政府, 2019. 礼宾次序的安排[EB/OL]. (2019-08-02)[2023-05-21]. http://zfb.jiujiang.gov.cn/zwgk/glfw/qlyx/swly/201906/t20190626_2030383.html

罗云明, 2017. 礼仪规范教程[M]. 北京:电子工业出版社.

穆清, 2019. 学生礼仪[M]. 长春:吉林教育出版社.

宋霞, 虞沧, 2011. 大学生礼仪规范教程[M]. 长春:吉林大学出版社.

孙晓艳, 2011. 礼仪规范教程[M]. 武汉:华中师范大学出版社.

外交部, 2024. 中华人民共和国外交部关于涉外升挂和使用国旗的规定[EB/OL]. (2024-06-28)[2024-07-09]. https://www.fmprc.gov.cn/wjb_673085/zfxxgk_674865/zcfg/gz/202406/t20240628_11443828.shtml

王明景, 2023. 旅游服务礼仪[M]. 3版. 北京:科学出版社.

魏丽平, 2014. 学生现代文明礼仪实用教程[M]. 成都:西南财经大学出版社.

张建国, 2021. 服务礼仪[M]. 3版. 北京:高等教育出版社.

张文, 1997. 酒店礼仪[M]. 广州:华南理工大学出版社.

赵金金, 2010. 学生礼仪知识手册[M]. 西安:太白文艺出版社.

中国政府网, 2016. 长知识:中秋节这些事儿, 你知道吗[EB/OL] (2016-09-14)[2023-05-21]. https://www.gov.cn/xinwen/2016-09/14/content_5108114.htm

周思敏, 2009. 你的礼仪价值百万[M]. 北京:中国纺织出版社.